Studying Mathematics in English

영어로 수학

원서보다 먼저 읽는
영어로 수학

2013년 4월 26일 초판 1쇄 발행
2024년 3월 1일 초판 5쇄 발행

지은이 원서읽기연구소
펴낸곳 부키㈜
펴낸이 박윤우
등록일 2012년 9월 27일 등록번호 제312-2012-000045호
주소 서울시 마포구 양화로 125 경남관광빌딩 7층
전화 02) 325-0846
팩스 02) 325-0841
홈페이지 www.bookie.co.kr
이메일 webmaster@bookie.co.kr
제작대행 올인피앤비 bobys1@nate.com
ISBN 978-89-6051-294-8 14740
     978-89-6051-293-1 (세트)

책값은 뒤표지에 있습니다.
잘못된 책은 구입하신 서점에서 바꿔 드립니다.

원서보다 먼저 읽는
영어로 수학
원서읽기연구소 지음

이다새

Studying Mathematics
in English

1 Introduction for the Learners

왜 원서 읽기에 실패를 거듭하는가?

흔히들 영어 원서 읽기를 '로망'으로 생각하곤 합니다. 하지만 대학에서 전공 공부에 충실하겠다고 결심한 이들이나 필요에 의해, 혹은 취미로 특정 분야의 지식을 혼자 공부하려고 하는 이들에게 해당 분야의 영어 원서 읽기란 '로망'이 아니라 반드시 갖춰야 할 '필요조건'이자 '소양'입니다.

그럼에도 영어 원서 읽기가 '로망'으로 치부되는 데에는 그만한 이유가 있습니다. 사실 상당수 대학에서는 수업 중에 영어 원서 교재가 사용됩니다. 심지어 일부에서는 아예 '원서 강독' 같은 과목을 개설하여 영어 원서 읽기를 독려합니다. 하지만 실제로 영어 원서를 끝까지 읽는 데 성공하는 경우는 열에 하나가 되지 않는 것이 현실입니다. 그러니 영어 원서 읽기가 '로망'이 될 수밖에요.

왜 이렇게 많은 사람들이 영어 원서 읽기에 실패하는 걸까요? 기초가 부족해서 그런 걸까요? 그렇다면 수능 영어 성적을 1등급으로 받은 학생들이 영어 원서 읽기에 실패하는 이유는 어떻게 해석해야 할까요? 사실 영어 원서를 읽는 데 실패하는 이유는 따로 있습니다.

첫째, 기초 용어에 대한 지식이 너무나 부족하다.
수학을 예로 들어보겠습니다. 여러분은 이미 집합도 알고, 실수도 알고, 방정식, 부등식, 함수, 로그, 수열, 그리고 미분과 적분을 알고 있습니다. 하지만 **set, real number, equation, inequality, function, logarithm, sequence, differential, integral**이 그에 해당하는 단어라는 것도 알고 있나요? 이렇게 기초 용어에 대한 지식이 부족하면 원서 읽기는커녕 사전에서 단어 찾기에 급급하게 됩니다. 그러다 보면 단어를 찾다 지쳐 영어 원서를 고이 모셔두게 되고요.

둘째, 표현이나 설명 방식이 낯설 때가 많다.

수학을 예로 들어보겠습니다. 여러분은 집합이 무엇인지 이미 알고 있습니다. 하지만 집합에 대한 설명이 "A set is a well defined collection of objects. The objects that make up a set (also known as the elements or members of a set) can be anything: numbers, people, letters of the alphabet, other sets, and so on."라고 나오면 곤혹스러워집니다. 왜냐하면 이 설명을 '집합이란 대상물의 묶음으로 정의된다. (집합의 구성 요소 혹은 원소로도 알려진) 집합을 구성하는 대상물은 숫자나 사람, 알파벳, 다른 집합 등 그 무엇이든 가능하다.'라고 우리말로 번역해도 내용을 단번에 파악하기 쉽지 않은데, 영어로 접하면 더욱 어렵게 느껴지기 때문입니다.

셋째, 모르는 내용을 접해야 하는 경우도 많다.

물론 우리말로 쓰인 책이라면 별 문제가 없습니다. 무슨 말이지, 잘 모르겠는데… 하면서도 차근차근 반복해서 읽다보면 어느 순간, 어느 정도 감이 오게 마련이니까요. 하지만 영어 원서의 내용은 파악하기가 쉽지 않습니다. 왜냐하면 내용을 잘 파악하지 못하는 이유가 단어를 몰라서 그러는 건지, 표현이나 설명 방식이 낯설어 그러는 건지, 내용 자체를 충분히 알지 못하는 건지 제대로 파악할 수 없기 때문이죠. 사실 이 문제는 기초 용어를 어느 정도 마스터하고, 영어식 표현이나 설명 방식에 익숙해지면 충분히 해결할 수 있습니다. 우리말로 쓰인 책을 읽을 때처럼 모르는 부분은 우선 넘어가고 계속해서 차근히 읽어나가면서 파악하면 되니까요.

왜 원서 읽기에 도전해야 하는가?

이야기가 이쯤 되면 "그러면 나는 번역서를 읽으면 되겠군." 하고 생각하는 경우가 많습니다. 그렇지만 유감스럽게도 소설이나 논픽션이 아닌 이상, 번역서를 읽는 것이 영어 원서 읽는 것 못지않게 어려운 경우가 많습니다.

이것은 오역이나 표현상의 한계로 생기는 문제가 아닌 구조적인 문제입니다. 우선 학술서나 전문서에 쓰이는 우리말은 그 자체가 어렵습니다. 예를 들어 철학에서 사용되는 오성(悟性)이라는 용어는 흔히 논리적으로 설명이 어려운 정신적 깨달음으로 사유하는 능력을 뜻하는데, 영어에서는 **understanding**이라고 하고, **sensibility**(감성) 또는 **perception**(지각)과 대립하는 개념으로 사용됩니다. 어떤가요? 오성보다 **understanding**이 훨씬 더 쉽게 다가오지 않나요?

게다가 아무리 번역을 잘해도 원서의 의미를 100% 정확하게 전달할 수 없습니다. 학술서나 전문서를 제대로 번역하려면 해당 분야에 대한 풍부한 지식은 물론 우리말 표현에도 능숙해야 하는데, 이 모두를 다 갖추는 것이 현실적으로 불가능하기 때문입니다. 해당 분야에 대한 지식이 풍부한 사람은 우리말로 전달하는 솜씨가 상대적으로 떨어지기 쉽고, 우리말로 전달하는 솜씨가 뛰어난 사람은 상대적으로 해당 분야에 대한 지식이 충분하기 어렵기 때문입니다.

여기저기에서 "원서로 공부하는 게 더 쉬워!" 하는 소리가 나오는 것도 바로 이런 이유에서입니다. 하지만 번역서를 가지고 공부할 때 생길 수 있는 심각한 문제는 따로 있습니다.

첫째, 번역량 자체가 턱없이 부족하다!

우선 수많은 영어 원서들이 제때에 모두 번역되어 소개되지 않습니다. 국내에서 우리가 접할 수 있는 번역서는 그 양이 절대적으로 부족합니다. 현재 우리나라에서 매년 출간되는 약 4만 종(2102년 통계)의 도서 가운데 번역서는 약 25%를 차지하여 1만 종 정도가 출간된다고 합니다. 이는 전 세계에서 1년에 발행되는 도서 약 100만 종 가운데 국내에는 약 1% 정도만이 소개되고 있다는 의미입니다. 하루가 다르게 변화하고 발전하는 세계의 많은 지식과 정보, 그 가운데서도 책으로 엮어진 것의 1%만을 우리말로 읽을 수 있다는 의미입니다. 결국 세계의 앞선 지식을 모국어로 습득하기에는 번역량 자체가 턱없이 부족한 것이지요.

둘째, 논문은 번역 자체가 안 된다!

문제는 번역서의 종수만이 아닙니다. 인터넷의 경우, 정보의 70%가 영어로 되어 있습니다. 그뿐인가요. 과학기술논문 인용색인(SCI) 등재 저널 수의 75%, 사회과학논문 인용색인(SSCI) 등재 저널 수의 85%가 영어권 저널입니다. 이렇듯 수많은 학문적 이론이나 지식, 정보가 영어 논문의 형태로 작성되어 쏟아져나오고 있지만 이 논문들이 번역될 가능성은 거의 없습니다. 결국 영어 원서 읽기가 안 되면 이 많은 논문들은 그야말로 그림의 떡이 되는 거죠.

2 How to Use This Book

이 책은 수학을 공부하는 학생들이 수학 관련 영어 원서 읽기에 보다 수월하게 적응할 수 있도록 돕는 것을 목표로 하고 있습니다.

기초 용어 확인은 basic concept
본격적인 원서 읽기에 나서기 전에 해당 단원의 주제와 관련된 기초 용어들을 최대한 빨리 확인하고 습득할 수 있도록 영한 혼용 방식으로 구성한 코너입니다. 이 코너를 통해 여러분이 알고 있는 자연과학 관련 기초 용어들의 영어 표현을 확인할 수 있으니 가급적 사전을 찾지 말고 한번에 쭉 읽으면서 영어와 한글을 동시에 여러분의 머릿속에 입력해보세요. 여기에 나오는 기초 용어는 이 단원에서 최소 3번 이상 반복해서 만나게 되니 굳이 따로 단어를 여러 번 쓰면서 일부러 외우지 않아도 자연스럽게 익히게 됩니다.

원서 읽기 도전은 reading mathematics
영한 대역 방식으로 원서 읽기를 훈련하는 코너로, 우리가 알고 있던 자연과학 지식이 영어로 어떻게 표현되는지 구체적으로 확인할 수 있습니다. 여기에 수록된 제시문의 내용은 대부분 여러분이 이미 공부했거나 각종 매체들을 통해 한 번쯤은 접했던 것들입니다. 그렇기 때문에 비록 전문 용어가 많고, 문장이 까다로워 보여도 차근차근 읽다보면 충분히 이해할 수 있고, 횟수를 거듭하며 읽다보면 읽는 속도가 빨라지면서 재미가 붙을 것입니다.
우리말 대역 부분에는 주요 기초 용어는 물론 까다로운 단어와 숙어, 구문까지 한글 옆에 병기해 원서 읽기에 실질적인 도움을 줄 수 있도록 했습니다. 이 부분 역시 본문을 쭉 읽어나가는 것만으로도 학습이 되도록 구성했지만,

영어 실력이 부족하다고 느끼면 우리말 대역 부분을 먼저 보고 영어 부분을 읽어도 괜찮습니다. 다만 이후로는 반드시 영어 부분을 먼저 읽되, 최종적으로는 우리말 해석에 의존하지 않고 영어 부분을 읽을 수 있기를 바랍니다.

영어 문제 훈련은 problem solving

영어로 문제를 풀어보는 코너로, 시험에서 영어로 된 문제가 나왔을 때 당황하지 않도록 하기 위해 만들어졌습니다. 이 코너를 통해 수학 분야의 시험 문제가 영어로는 어떻게 출제되는지 경험할 수 있습니다.

복습에 추가 지식까지 rest in mathematics

주제와 관련된 흥미로운 인물이나 사건의 에피소드를 읽으며 앞서 배운 내용을 복습하는 코너입니다. 주요 용어나 개념을 재미있게 복습하면서 이미 알고 있던 지식과 에피소드를 연결하여 배운 내용을 잊지 않도록 하는 동시에 다양한 상식을 배울 수 있도록 구성했습니다.

머리말 5

1 Number Theory 정수론 13

2 Sentential Calculus 명제론 35

3 The Origin of Numbers 숫자의 기원 53

4 Real Number and Complex Number 실수와 복소수 71

5 Function 함수 91

6 Matrix 행렬 113

7 Euler's Formula 오일러의 공식 133

8 Logarithm and Table of Logarithms 로그와 로그표 151

9 Sequences 수열 171

10 Sequences and Series 수열과 급수 189

11 Limit and Calculus 극한과 미적분 209

12 Set Theory 집합론 229

문제 풀이 247
수학 용어 색인 262

1

Number Theory
정수론

Random cubic numbers(임의의 세제곱수)는 다른 두 cubic number 의 sum(합)으로 표현될 수 없다. Random biquadratic numbers(임의의 네제곱수) 역시 다른 두 biquadratic numbers의 sum으로 표현될 수 없다. 일반적으로 3 이상의 exponent(지수)를 가진 integer(정수)는 이와 동일한 exponent를 가진 다른 두 수의 sum으로 표현될 수 없다. 하지만 나는 phenomenal(경이적)한 방법으로 이 theorem(정리)을 prove(증명)했다. 그러나 책의 margin(여백)이 너무 좁아 여기에 옮기지는 않겠다. ―Fermat's Last Theorem(페르마의 마지막 정리)

basic concept

수학의 입문
Number Theory

Fermat's Last Theorem은 1993년 Andrew Wiles(앤드루 와일스)가 prove(증명)하기 전까지만 해도 전 세계 mathematicians(수학자들) 사이에서 가장 어려운 것으로 이름난 문제였다. 이 정리를 보다 간단하게 설명하면 "x, y, z가 0이 아닌 정수이고 $n>2$일 때, $x^n+y^n=z^n$을 만족시키는 positive integer(양의 정수) x, y, z는 존재하지 않는다."는 것이다.

문제는 상당히 간단한 데 비해 theorem(정리)을 prove하기란 결코 간단하지 않은데, 이것이 바로 number theory(정수론)의 매력이다. 그렇다면 이렇게 복잡하지만 매력도 많은 number theory는 과연 어떤 study(학문)일까?

Number theory는 literally(문자 그대로)하게 integer의 property(성질)를 연구하는 study이다. 그러나 "Mathematics is the queen of sciences, and the number theory is the queen of mathematics(과학의 여왕은 수학이고, 수학의 여왕은 정수론이다)."라는 Gauss(가우스)의 말이 암시하고 있듯이 integer는 ─ real number(실수)나 complex number(복소수)보다 간단해 보일지 몰라도 ─ 지난 수백 년 동안 풀지 못했던 어려운 문제가

있는가 하면, 간단한 proposition(명제)임에도 지금까지도 해결되지 않는 문제가 있을 정도로 대단히 어려운 area of mathematics(수학 분야)다. 최근에 와서는 information science(정보과학), cryptography(암호론), communication theory(통신 이론) 등에도 널리 이용되고 있다.

  Number theory의 study subject(연구 주제)는 크게 두 가지로 classify(분류)할 수 있는데, 하나는 1과 그 자신 이외에는 divisor(약수)가 없는 positive integer인 prime number(소수)에 대한 연구이고, 다른 하나는 equation(방정식)의 integer value(정수 해)에 대한 연구이다. 이 때문에 일반인들은 number theory를 대단히 abstract(추상적)하고 unpractical(비실용적)한 학문으로 느낄 수도 있다. 하지만 number theory는 amateur(비전문가)와 학생들에게 mathematics에서 가장 인기 있는 branch(과목)이자, modern algebra(현대 대수학)를 공부하기 위한 mandatory course(필수 과목)이다.

reading mathematics

정수론은 기하학과 더불어(alongside) 수학에서 가장 오래된 분야 중 하나로, 최소한 고대 시대부터(at least since ancient times) 연구되어왔다. 정수론은 고유한 그 수학적 특성으로 인해 응용이 어려울 것으로(without practical applications) 간주되었으나, 20세기에 들어서는 암호학과 암호 해독술의 발전에 활용되었다. 역사상 최고의 수학자 중 다수가(many best mathematicians) 정수론에 마음을 빼앗겼는데, 대표적으로 유클리드, 디오판토스, 페르마, 르장드르, 오일러, 가우스와 야코비가 있다. 이들 모두는 정수론의 발전에 커다란 공헌을 하였다.

정수론은 난해하면서도 동시에(alongside far-reaching problems) 쉽게 이해할 수 있는 추론들이 넘쳐 나기 때문에(because easy-to-understand conjectures abound) 이례적이다. 쌍둥이 소수의 가설, 골드바흐의 추측 및 홀수인 완전수 문제에 대해서는 누구나 쉽게 설명할 수 있다. 다음은(The following) 정수에 관한 몇 가지 간단한 특성들이다.

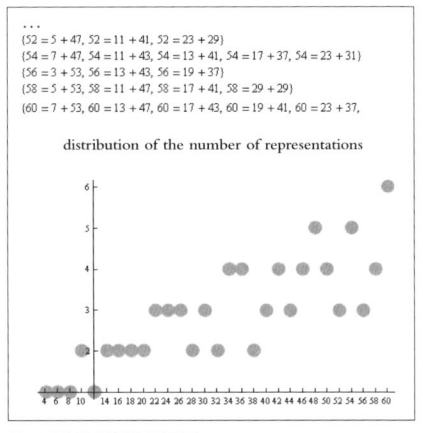

골드바흐의 완전수 분포도

소수와 소인수분해

범자연수(0을 포함한 자연수)의 특성에 대한 연구 분야인 소수와 소인수분해는, 약수 함수, 리만의 제타 함수와 오일러의 파이 함수 같은 많은(a number of) 함수들과 마찬가지로(as) 정수론에서 특히 중요하다.

Number theory is one of the oldest parts of mathematics, alongside geometry, and has been studied at least since ancient times. Because of its solely mathematical nature, number theory was thought to be without practical applications, but has since been used in the development of cryptography and cryptanalyst is in the twentieth century. Number theory has attracted many best mathematicians in history: Euclid, Diophantus, Fermat, Legendre, Euler, Gauss and Jacobi, all made huge contributions to its development.

Number theory is unusual because easy-to-understand conjectures abound alongside far-reaching problems. One can easily explain the twin-prime conjecture, the Goldbach conjecture, and the odd perfect number problem. The following are examples of some simple properties of integers:

Primes and prime factorization

Consisting of the study of the properties of whole numbers, primes and prime factorization are especially important in number theory, as are a number of functions such as the divisor function, Riemann zeta function, and Euler's totient function.

Divisibility and primality

A central concept in number theory is divisibility.

가분성과 소수 판별법

정수론의 중심 개념은 (나눌 수 있는지의 여부인) 가분성(可分性)이다.

정수 $Z=\{f\cdots -3, -2, -1, 0, 1, 2, 3, \cdots g\}$라 하자. $a, b \in Z$일 때 어떤 $z \in Z$에 대해 $az=b$ 라면 우리는 a로 b를 나눈다고(a divides b) 말한다. 만약 a로 b가 나눠지면(a divides b), 우리는 b/a라 쓰고, a는 b의 약수 혹은 b는 a의 배수라 말할 수 있다.

소수와 합성수

n이 양의 정수라고 하자. 당연히(Trivially) n은 1과 n으로 나눠진다. 여기서 만일 $n>1$이고, 1과 n 이외의 다른 양의 정수로는 n이 나눠지지 않는다면 그때 우리는 n을 소수라고 한다. 만일 $n>1$이지만 n이 소수가 아니라면 우리는 n을 합성수라고 한다. 숫자 1은 소수나 합성수로 간주되지 않는다. $1<a<n, 1<b<n$인 정수 a, b에 대하여 $n=ab$이면 n은 합성수이며 n이 합성수라는 것은 $n=ab$라는 것이다. 처음 나오는 소수들은 2, 3, 5, 7, 11, 13, 17, …이다.

기본적인 사실은 0 이외의 모든 정수는 본질적으로 유일한 방식으로 소수들의 곱의 꼴로(as a signed product of primes) 표현될 수 있다는 것이다. 예를 들면 55는 5×11인데, 여기서 5와 11은 둘 다 소수이다.

그리스인들, 특히 유클리드와 피타고라스는 무리수의 기본 이론을 최초로 밝혀냈다(the first to elucidate). 그리스인들은 당시 1500년이나 된 이집트의 유리수 체계에 대한 이해를 진전시켰다. 그리스인들은 $1/p$를 (암호화된 글자로) p'라고 썼고, 일반적으로 (분모인) 약수 부분을 최대한 활용하는 것을 선택함으로써 유리수를 정확한 단위분수의 합으로 변환시켰다.

Consider the integers $Z=\{f \cdots -3, -2, -1, 0, 1, 2, 3, \cdots g\}$. For a, $b \in Z$, we say that a divides b if $az=b$ for some $z \in Z$. If a divides b, we write b/a and we may say that a is a divisor of b, or that b is a multiple of a.

Primes and composites

Let n be a positive integer. Trivially, 1 and n divide n. If $n>1$ and no other positive integers besides 1 and n divide n, then we say n is prime. If $n>1$ but n is not prime, then we say that n is composite. The number 1 is not considered to be either prime or composite. n is composite if and only if $n=ab$ for some integers a, b with $1<a<n$ and $1<b<n$. The first few primes are 2, 3, 5, 7, 11, 13, 17, $\cdots$.

A basic fact is that every non-zero integer can be expressed as a signed product of primes in an essentially unique way. For example: $55=5 \times 11$, where 5 and 11 are both prime.

The Greeks, notably Euclid and Pythagoras, were the first to elucidate the basic theory of irrational numbers. Greeks improved a 1500 year older Egyptian rational number system. Greeks wrote $1/p$ as p' (in ciphered letters) and generally converted rational numbers to exact unit fraction series by selecting optimizing aliquot parts (of denominators).

A proof of the irrationality of $\sqrt{2}$

Let's suppose $\sqrt{2}$ is a rational number. Then we can write it $\sqrt{2}=a/b$ where a, b are whole numbers and b is not zero.

$\sqrt{2}$가 무리수임을 보이는 증명

$\sqrt{2}$가 유리수라고 가정해보자. 그러면 우리는 그것을 $\sqrt{2}=a/b$라고 쓸 수 있는데, 여기서 a, b는 서로소인 정수이고 b는 0이 아니다.

이제 $\sqrt{2}=a/b$의 양변을 제곱하면 $2=a^2/b^2$이 되고 이는 $a^2=2\times b^2$으로 쓸 수 있다. 그러므로 a의 제곱은 2의 배수이기 때문에 짝수이다. 이를 통해 우리는 a 자체 역시 짝수라는 것을 알 수 있는데, 그 이유는 a가(it) 홀수일 수가 없기 때문이다. 만일 a 자체가 홀수라면 $a\times a$ 역시 홀수가 될 것이다. 홀수 곱하기 홀수는 항상 홀수이다. a 자체가 짝수라면 a는 어느 다른 범자연수의 2배이다. 이를 식으로 나타내면 k를 정수라 할 때 $a=2k$로 쓸 수 있다.

여기서 $a=2k$를 원래의 방정식 $2=a^2/b^2$에 대입하면 다음 결과를 얻을 수 있다.

$2=(2k)^2/b^2$

$2=4k^2/b^2$

$2\times b^2=4k^2$

$b^2=2k^2$

이것은 b^2이 짝수이고, 이를 통해(from which) 다시 b 자체도 짝수라는 결론으로 이어진다.

우리는 a/b가 기약 분수(simplified to the lowest terms)라 가정하고 이 증명 과정을 시작했는데, 이제 a와 b가 둘 다 짝수로 드러났다. 따라서 $\sqrt{2}$는 유리수가 될 수 없다.

이것은 유클리드 기하학에서 최초로 완전한 증명으로 등장했다(appeared). 유클리드는 소수와 합성수의 몇몇 기본 특성들을 이해하고 증명했다. 여러 학자들, 특히 오일러, 라이프니츠, 리우빌 그리고 린데만은 대수적 수와 초월수의 기본 이론을 정의하고 다듬었다.

오늘날 정수론에서 해결되지 않은 가장 중요한 문제는 아마도 리만 가설일

It follows that $2=a^2/b^2$, or $a^2=2\times b^2$. So the square of a is an even number since it is two times something. From this we can know that a itself is also an even number, because it can't be odd; if a itself was odd, then $a\times a$ would be odd too. An odd number times an odd number is always odd. If a itself is an even number, then a is 2 times some other whole number, or $a=2k$ where k is this other number.

If we substitute $a=2k$ into the original equation $2=a^2/b^2$, this is what we get:

$2=(2k)^2/b^2$
$2=4k^2/b^2$
$2\times b^2=4k^2$
$b^2=2k^2$

This means b^2 is even, from which follows again that b itself is an even number.

Because we started the whole process saying that a/b is simplified to the lowest terms, and now it turns out that a and b would both be even. So $\sqrt{2}$ cannot be rational.

This first appeared as a full proof in Euclid's Elements.

Euclid understood and proved some basic properties of prime and composite numbers. Euler, Liebniz, Liouville, and Lindemann, among many others, defined and refined the basic theory of algebraic and transcendental numbers.

Today, the most important unsolved problem in number theory is probably the Riemann Hypothesis, which states that all non-trivial zeros of the Riemann zeta function have real part equal to

게오르크 리만(1826~1866)

것인데, 리만 가설은(which) 리만 제타 함수에서 자명하지 않은 모든 해(all non-trivial zeros)가 실수 부분이 1/2이라는 것이다. 이 문제는 소수의 분포를 이해하는 데 있어 핵심적이다.

오래도록 순수과학 중에서도 가장 순수한 분야로 간주되어온 정수론은 최근 암호학 분야에서 그 활용법을 찾기 시작했다. 최근의 공개 키 방식의 암호 체계 고안은, 대부분 특정한 정수론적 연산의(of a particular number-theoretic computation) 어려움에 기초한 것으로, 본질적으로 적용되는 정수론의 연구를 촉진시켰다.

정수론 문제들은 종종 수학의 다른 부문에서 유래한 정교한 기교를 활용해 해결된다. 정수론 자체는 대략(loosely) 다음과 같이 나뉠 수 있다.

해석적 정수론은 분석을 이용하여 정수와 초월에 관련된 문제들을 해결한다. 가장 잘 알려진 사례 중 하나는 소수 정리의(of the prime number theorem) 증명이다.

대수적 정수론은 대수적 수의 연구 혹은 정수론의 대수적 연구로 정의될 수 있다. 대수적 정수론의 정의에 의하면 이 두 가지는 같은 것이다. 수 분야에서 아벨의 확장 이론은, 지난 세기 전반 가우스, 르장드르, 힐베르트의 상호 법칙을 확장한 이론으로, 여기서 유체 이론이 대수적 정수론 연구의 대부분을 이루어냈다. 후반기의 대수적 정수론은 산술 기하학에 포함되었다. 산술 기하학은 정수론의 문제와 관련이 있는 (복소수 다양체론 같은) '고전적인' 기하학 이론에서 대단히 성공을 거둔 방법들을 가져오고자 애쓰고 있다.

마지막으로 알고리즘 정수론은 인수분해, 이산로그, 곡선상의 점들의 수 및 클래스 그룹 같은 것들을 연산하는 알고리즘을 개발하기 위하여 숫자의 연산을 연구하는 것이다.

one-half. This problem is central to understanding the distribution of prime numbers.

Number theory, long regarded as the purest of the pure sciences, has recently begun to find applications in cryptography. The recent invention of public-key cryptosystems, which are usually based on the difficulty of a particular number-theoretic computation, has encouraged research in number theory which is essentially applied.

Problems in number theory are often solved using sophisticated techniques from different branches of mathematics. Number theory itself can be loosely divided as follows.

Analytic number theory uses analysis to tackle questions related to integers and transcendence. One of its most well known examples is the proof of the prime number theorem.

Algebraic number theory can either be defined as the study of algebraic numbers or as an algebraic study of number theory. By the definition of algebraic numbers, these two are equivalent. In the theory of abelian extensions of number fields, which extends the reciprocity laws of Gauss, Legendre, Hilbert et al. of the first half of the past century, class field theory constituted the bulk of algebraic number theory research. In the latter half, algebraic number theory has been subsumed under arithmetic geometry. Arithmetic geometry seeks to bring methods that have been spectacularly successful in "classica" geometric theories (such as complex manifold theory) to have bearing on problems in number theory.

Finally, computational number theory is the study of computations with numbers, developing algorithms to calculate

페르마의 마지막 정리

페르마의 마지막 정리는 x, y, z & $n \in Z$이고 $n>2$일 때 x, y, z에 대하여 $x^n+y^n=z^n$에는 0이 아닌 정수 해가 없다고 밝히고 있다.

페르마의 마지막 정리는 가설이었고 300년 넘게 증명되지 못한 채로 남아 있었다. 페르마의 마지막 정리는 결국 영국인 수학자인 앤드루 와일스에 의해 1993년에 증명되었다. 페르마의 마지막 정리가 항상 '정리'라고 불렸던 것은 사실로 입증될 가설을 내어놓는 페르마의 능력 때문이었다.

오랜 기간에 걸쳐 페르마의 마지막 정리는 다양한 값의 n에 대해(for various values of n) 증명되었지만, 일반 증명에 이르는 직접적인 진전은 이루어지지 않았다. 임의의 수 n에 대한 증명을 발견하는 것의 문제는 증명되지 않은 무수히 많은 경우가 여전히 남아 있다는 것이다. 페르마의 마지막 정리를 증명하고자 노력한 수학자 중에는 오일러, 가우스, 코시 그리고 르장드르 등이 있었다.

things such as factorizations, discrete logarithms, numbers of points on curves, and class groups.

Fermat's last theorem

$x^n + y^n = z^n$ has no non-zero integer solutions for x, y and z when $n > 2$ and x, y, z & $n \in Z$.

Fermat's last theorem was a conjecture and remained unproved for over 300 years. It was finally proven in 1993 by Andrew Wiles, an English mathematician. It was always called a "theorem", due to Fermat's ability to propose conjectures that turned out to be true.

Over the years, Fermat's last theorem was proven for various values of n, but no direct progress was made towards a general proof. The problem with finding a proof for some number n is that it still left an infinite number of cases unproved. Among the Mathematicians who tried to prove the theorem, were Euler, Gauss, Cauchy, and Legendre.

problem solving

문제1 a, b, c가 모두 홀수이면 방정식 $ax^2+bx+c=0\,(a \neq 0)$은 정수의 근을 갖지 않음을 증명하여라.

문제2 완전제곱수인 $aabb$ 형태의 네 자리 정수를 모두 구하여라.

문제3 합동식은 정수론에 등장하는 이론이다. 다음 주어진 합동식의 정의와 몇 가지 성질을 이용하여 답을 구하라.

a. 합동식의 정의

> m은 자연수이고, 두 정수 a, b에 대하여 m이 $(a-b)$의 배수이며, a와 b를 m으로 나눈 나머지가 같을 때, a는 m에 대하여 b와 합동이라고 한다. 기호는 다음과 같다. $a \equiv b \pmod{m}$

b. 합동식의 몇 가지 중요 성질 (자연수 m, n과 정수 a, b, c, d에 대하여)

> (1) $a \equiv a \pmod{m}$
> (2) $a \equiv b \pmod{m} \Rightarrow b \equiv a \pmod{m}$
> (3) $a \equiv b \pmod{m}, c \equiv d \pmod{m} \Rightarrow a \pm c \equiv b \pm d \pmod{m}, ac \equiv bd \pmod{m}$
> (4) $a \equiv b \pmod{m} \Rightarrow a^n \equiv b^n \pmod{m}$

이때 3^{20}을 42로 나눌 때의 나머지를 구하여라.

→ 문제풀이는 248쪽에

Example 1 In $ax^2+bx+c=0\,(a\neq 0)$, if a, b, and c are all odd numbers, prove that it does not have root of integer.

Example 2 Find all of the four-digit integers of $aabb$ shape, perfect square number.

Example 3 Congruence is a theory appearing on the number theory. Using the given definition of congruence and a few natures, get the correct answer.

a. definition of congruent expression

> The natural number is m. About two integers, a and b, when m is the multiple of $(a-b)$ and when the balance is equaled, - the a and b divided by m is equaled, a in relation to m is said to be congruent with b. The sign is as follows : $a\equiv b\,(\mathrm{mod}\ m)$

b. A few important properties of congruent expression (About natural number m, n and about integers - a, b, c, d)

> (1) $a\equiv a\,(\mathrm{mod}\ m)$
> (2) $a\equiv b\,(\mathrm{mod}\ m)\Rightarrow b\equiv a\,(\mathrm{mod}\ m)$
> (3) $a\equiv b\,(\mathrm{mod}\ m), c\equiv d\,(\mathrm{mod}\ m)\Rightarrow a\pm c\equiv b\pm d\,(\mathrm{mod}\ m), ac\equiv bd\,(\mathrm{mod}\ m)$
> (4) $a\equiv b\,(\mathrm{mod}\ m)\Rightarrow a^n\equiv b^n\,(\mathrm{mod}\ m)$

Now, when 3^{20} is divided by 42, find the balance.

rest in mathematics

정수론을 집대성한 Pierre de Fermat(피에르 페르마)

피에르 페르마(1601~1665)

Pierre de Fermat는 프랑스의 수학자이다. Modern number theory(현대 정수론)와 probability(확률)의 founder(창시자)로, Pythagoras(피타고라스)와 Euclid(유클리드)로부터 시작된 number theory를 집대성했다.

법학을 공부하여 변호사가 되었고, 자신이 태어난 툴루즈의 청원위원을 거쳐 툴루즈 지방의 회의 칙선의원으로 생을 마쳤다. Descartes(데카르트), Mersenne(메르센) 등과 편지를 주고받으며 연구 성과를 알렸으나, 그 연구 내용을 책으로 펴내지는 않았다.

그의 편지에 나타난 mathematical achievement(수학적 성과) 가운데 주목할 만한 것으로는 calculus(미적분)에 관한 연구가 있다. Continuous curve(연속곡선)에 tangent line(접선)을 긋는 방법으로 제기된 문제를 extreme value(극값)의 문제로 유도하여 calculus의 concept(개념)에 도달하였다. 또 이것과 관련하여 relative maximum/relative minimum(극대/극소)의 문제를 연구하고, 이를 optics(광학)에 응용하여 '최단시간의 원리', 즉 Fermat's principle(페르마의 원리)을 발견했다.

한편 geometry(기하학) 분야에서는 flatland(2차원 공간)를 다룬 Descartes와 달리 analytical geometry(해석기하학)를 수립하여 three dimensional space(3차원 공간)를 다루었으며, Pascal(파스칼)과 probability에 대해 주고받은 편지로 인해 오늘날 Pascal과 함께 probability에 대한 mathematical theory(수학적 이론)의 founder로도 인정받고 있다.

하지만 Fermat의 연구 중 가장 두드러진 것은 역시 number theory이다. Diophantos(디오판토스)의 《Arithmetica(산술론)》에서 자극을 받아 연구하게 된 이 분야에서 Fermat는 prime sequences(소수 수열), 즉 Fermat number(페르마형 소수, Fermat prime)에 대한 conjecture(추측)를 시작으로 prime number p가 natural number(자연수) n의 divisor가 아니면 "n^{p-1}은 p로 나눈 나머지가 1인 수"라는, 흔히 Fremat's problem(페르마의 문제)이라 불리는 n^p-n의 정리, $4n+1$형 소수에 관한 square number(제곱수)의 theorem of the sum(합의 정리), $n=2$의 Diophantine equation(디오판토스 방정식)의 theorem of the answer(해답의 정리) 그리고 Fermat 사후 300년에 걸쳐 수학자들을 끙끙거리게 만든 이른바 Fermat's last theorem을 통해 수학적으로 큰 업적을 세웠다.

Fermat's problem

Fermat는 자신이 가장 좋아하는 책인 Diophantos의 《Arithmetica》 제 2권 8번 문제 옆 margin에 "random cubic number는 다른 두 cubic numbers의 sum으로 표현될 수 없다. Random biquadratic number 역시 다른 두 biquadratic numbers의 sum으로 표현될 수 없다. 일반적으로 3 이상의 exponent를 가진 integer는 이와 동일한 exponent를 가진 다른 두 수의 sum으로 표현될 수 없다. 나는 phenomenal

1993년 '페르마의 마지막 정리'를 증명한 앤드루 와일스

한 방법으로 이 theorem을 prove했다. 그러나 책의 margin이 너무 좁아 여기에 옮기지는 않겠다."라고 적어놓았다.

이것이 Fermat's Last Theorem인데, 1630년경에 쓰인 것으로 알려져 있다. 이후 많은 mathematician들이 이것을 prove하려고 노력했으나 모두 실패하고 말았다. 그러자 사람들은 정말로 Fermat가 이 theorem을 prove했는지에 대해 의심을 품기 시작했다.

그러나 일반적인 proof는 하지 못했지만 Euler(오일러)가 $n=3$인 경우에 value(해)가 없음을 prove했고 Fermat가 다른 곳에서 $n=4$인 경우, Legendre(르장드르)와 Dirichlet(디리클레)가 $n=5$인 경우, Lamê(라메)가 $n=7$인 경우 value가 없음을 각각 prove하더니 1993년 마침내 영국의 저명한 mathematician인 Andrew Wiles가 문제를 해결하였다.

황금알을 낳는 거위 Wolfskehl prize(볼프스켈상)

독일의 사업가이자 수학 애호가 Wolfskehl(볼프스켈)은 Fermat's last theorem을 완벽하게 증명한 사람에게 줄 상으로 무려 10만 마르크라는 거액을 Göttingen Academy of Science(괴팅겐과학원)에 bequeath(유증)했고, 그에 따라 1908년 10만 마르크의 상금이 딸린 Wolfskehl prize가 제정되었다. 단, 이 상금의 principal(원금)에 붙는 interest(이자)는 이 상이 award(수여)될 때까지 Göttingen Academy of Science의 운영 주체인 committee(위원회)에서 수학 발전 기금으로 쓸 수 있었다. Committee의 first chairman(초대 위원장)이 된 Hilbert(힐베르트)는 첫해의 interest인 2,500마르크로 Poincaré(푸엥카레)를 University of Göttingen(괴팅겐대학)에 초청해 강의를 들었고, 그 뒤로도 상금의 interest를 가지고 다른 여러 mathematician들을 초청했다. 그러나 정작 Fermat's last theorem을 prove하기 위한 일에는 진지하게 임하지 않았다. 그에 대해 어떤 사람이 이유를 묻자 그는 이렇게 반문했다고 한다. "Why do you want to kill the goose that lays the golden eggs?(왜 황금알을 낳는 거위를 죽이려고 하나요?)"

10만 마르크의 상금이 딸린 Wolfskehl prize가 제정된 이래로 꽤 오랫동안 영광과 돈을 함께 얻고자 하는 amateur mathematician(아마추어 수학자)들의 groundless proof(근거 없는 증명)가 범람했다. Wolfskehl prize의 수상에 관해서는 대단히 strict restrictions(엄격한 제한)가 있었음에도 committee에는 평균 일주일에 한 편의 풀이가 들어왔는데, 5,000개 이상의 풀이가 접수됐다고 한다. Wolfskehl prize에 도전한 사람 중에는 1882년 "pi(π)는 transcendental number(초월수)"라는 proof로 명성을 떨친 Ferdinand von Lindemann(페르디난트 폰 린데만) 같은 유명한 mathematician도 있다.

Prime number의 쓰임

영화 〈Contact(콘택트)〉를 보면 외계인이 보낸 메시지를 make out(판독)하는데 1과 그 자신만으로 나뉘는 자연수인 2, 3, 5, 7, 11, 13, …과 같은 prime number가 이용된다.

Prime number는 spontaneously(자연발생적)하게 생기지 않는다. 따라서 우주 저편에서 온 signal(신호)이 prime number를 포함하고 있다면 그것은 지성이 있는 어떤 외계 생명체가 보냈다고밖에는 달리 해석할 도리가 없는 것이다.

그러면 가장 큰 prime number는 얼마일까? 바로 이 문제를 놓고 전 세계 supercomputer(슈퍼컴퓨터)들이 cutthroat(치열)한 competition(경쟁)을 벌였다. 정확히 말하자면 무한히 존재하는 prime number 중에서 누가 largest prime number(거대 소수)를 발견하느냐로 competition을 한 것이다.

어떤 수가 prime number인지 아닌지 judge(판정)하려면 factorization in prime factors(소인수분해)를 해봐야 하는데, 사람의 경우에는 four digits(네 자릿수) 이상만 되어도 연필과 종이만으로는 계산하기 어렵기 때문에 결국 electronic calculator(전자계산기)를 사용하게 된다. 하지만 이 방법 역시 이내 한계에 부닥쳐 마지막에는 computer를 찾게 된다. 그러나 computer도 100만 digits를 넘어서면 deadlock(교착상태)에 빠지게 되므로, 100만 digits

이상의 prime number를 발견하기 위해서는 특수한 mathematical technique(수학적 기법)을 활용해 computer로 confirmation process(확인 절차)를 거쳐야 한다. 1978년 미국 the University of California(캘리포니아주립대)의 computer room(전산실)에서 학생 둘이 당시로서는 largest prime number를 발견했는데, 그 수는 $2^{21701}-1$이었다. 2를 21,701번 multiply(곱)한 다음 1을 뺀 수인 것이다. 여기서 2^n-1이라는 형태의 수를 Mersenne number(메르센 수)라고 한다. Mersenne number는 prime number인지 아닌지 judge하는 mathematical technique으로, 컴퓨터로 찾은 prime number들은 대부분 Mersenne number이다.

이후에도 largest prime number를 찾기 위한 이들의 supercomputer 실험은 꽤 오랫동안 계속되었다. 사실 1초에 얼마나 많은 calculation(연산)을 처리할 수 있는지가 computer의 measure of performance(성능 척도)는 아니다. 요즘은 처음부터 specific goal(특정한 목표)에만 fit(적합)하도록 만들어지는 computer도 많기 때문이다.

그런데 왜 supercomputer들이 무의미한 것처럼 보이는 largest prime number 찾기에 mobilize(동원)되는 것일까? 그것은 바로 오늘날 cryptology(암호학)의 root(근간)가 되는 mathematical theory가 바로 largest prime number를 이용하기 때문이다. 그래서 NSA(미국 국가안보국)를 비롯한 여러 institution(기관)들이 prime number의 연구에 막대한 돈을 투자하는 것이다. 만약 prime number를 생성하거나 발견하는 어떤 mathematical law(수학적 법칙)가 발견된다면 그것은 수학뿐 아니라 information science에도 일대 혁명이 될 것이다.

수학 천재 Srinivasa Ramanujan(스리니바사 라마누잔)

어느 날 Ramanujan이 병으로 몸져누웠는데, 동료 mathematician인 Godfrey Hardy(고트프리 하디)가 문병을 갔다. Hardy와 Ramanujan은 잠시 담소를 나누었는데, 이야기 중에 Hardy가 1729번 택시를 타고 왔다고 말했다. 그러자 Ramanujan은 1729가 아주 재미있는 수라고 말했다. 왜냐하면 $1729=1^3+12^3=9^3+10^3$이 되기 때문이다. 1729가 $A=B^3+C^3=D^3+E^3$라는 형태로 나타낼 수 있는 가장 작은 수임을 Ramanujan이 그 자리에서 point out(지적)한 것이다.

Ramanujan은 1916년 interger와 관련해 다음과 같은 재미난 사실을 발표하기도 했다.

"even number(짝수) 중 $x^2+y^2+10z^2$ 형태가 아닌 even number는 $4^\lambda(16\mu+6)$과 같은 수이고 $x^2+y^2+10z^2$ 형태가 아닌 odd number(홀수)는 3, 7, 21, 31, 33, 43, 67, 79, 87, 133, 217, 219, 223, 253, 307, 391, …인데 이들 odd number 사이에는 어떤 관계식도 없는 것 같다."

그 후에 679와 2719도 이런 류의 odd number란 것이 발견되었다. 여기서 2719와 1729가 arrangement of numbers(숫자 배열)만 다른 수라는 사실에 눈이 가지 않을 수 없다. 이보다 몇 년 전 mathematician들은 odd number 중 $x^2+y^2+10z^2$ 형태가 아닌 것은 유한 개만 존재한다는 사실을 증명했다. 그러면 2719가 그런 odd number 중 가장 큰 수일까? Nobody knows whether it's true or not(우리는 그것이 참인지 거짓인지 모른다). 그러면 위의 18개의 odd number는 어떤 common property(공통 성질)를 가질까? 알려진 사실은 이 18개 odd number는 모두 square number가 아니라는 것과 10과 relatively prime(서로소)라는 사실뿐이다.

안타깝게도 number theory 분야에서 중요한 업적을 남긴 이 천재 mathematician은 33세라는 젊은 나이로 죽었다.

1976년 미국의 mathematician인 George Andrews(조지 앤드류스)가 우연히 Ramanujan의 미발표 논문을 발견했는데, 이 사건이 유명해지면서 그의 미발표 논문은 Ramanujan의 "Lost Notebooks(잃어버린 노트)"로 불리게 되었고 책으로도 출간되었다.

스리니바사 라마누잔(1887~1920)

2
Sentential Calculus
명제론

"A dog is an animal(개는 동물이다)."은 proposition(명제)이다. Modern logic(현대 논리학)에서는 이렇듯 authenticity(진위)를 판단할 수 있는 문장을 proposition이라 한다. 물론 nominalism(유명론) 경향이 있는 philosopher(철학자) 중에는 verbalism(언어적 표현) 자체와는 별도의 독립적인 의미의 존재를 인정하는 데 skeptical(회의적)한 사람도 있기는 하다.

Everyday language(일상어)로 쓴 글은 그 언어 사용법이 double entente(양의적, 兩義的)이기 때문에 proposition인지 아닌지 문제가 되기도 하고, proposition이라 하더라도 그 내용이 확실치 않아 문제가 되기도 한다. 그러나 logic symbol(논리 기호)로 쓴 글은 이런 면에서 ambiguous(애매)한 부분이 전혀 없는 고로, 이를 propositional expression(명제식)이라고 한다.

그 외 truth(진리)임을 emphasize(강조)하는 글을 proposition이라고 할 때도 있다.

basic concept

논리와 증명의 완성
Proposition

Truth(참) 또는 falsehood(거짓)를 명확하게 distinguish(구분)할 수 있는 sentence(문장)나 numerical expression(수식)을 proposition이라 한다. 그리고 proposition에서 truth 또는 falsehood로 나타내는 value(값)를 truth value(진리값)라고 한다.

- proposition 일반적으로 영어 small letter(소문자)로 표시한다.
- truth value true면 T, false면 F로 표시한다.

앞에서 proposition은 T와 F를 명확히 judge(판정)할 수 있어야 한다고 설명했다. 그런데 다음과 같은 conditional sentence(조건문)를 생각해보자.

If it rains or gets cold
만약 비가 오거나 날씨가 추워지면

the athletic meet will be caneled.
그 체육대회는 취소될 것이다.

이 sentence는 경우에 따라 T일 수도, F일 수도 있다. 예컨대 비도 오지 않았고 날씨도 추워지지 않았으며 athletic meet 또한 cancel(취소)되지 않았다면 이 sentence는 T가 된다. On the other hand(반면) 비가 왔거나 날씨

가 추워졌음에도 athletic meet이 cancel되지 않았다면 이 sentence는 F
가 된다.

만약 우리가 given situation(주어진 상황) 아래서 어떤 경우인지 알 수 있고
그 상황이 변하지 않는다면, 그 sentence가 T인지 F인지 쉽게 판단할 수 있
겠지만, 안타깝게도 the reality is not that simple(현실은 그렇게 단순하지 않다).

즉 given situation이 어떤 경우인지 알지 못하는 경우도 있고 그 상황이
바뀔 수도 있다. 그러므로 되도록 all possible cases(모든 경우의 수)를 고려하여
해당 proposition이 어떤 경우에 T가 되고 어떤 경우에 F가 되는지를 알아
보는 작업은 quite(상당히) 쓸모가 있는데, 이럴 때 우리는 truth-table(진리표)을
이용한다.

한마디로 proposition에서 truth-table은 기본이며 core(핵심)라고 생각하
면 된다.

Logical product/logical and(논리곱)

p와 q가 proposition일 때 "p and q"란 sentence를 생각해보자. 예컨대

p: It rains(비가 온다).
q: The wind blows(바람이 분다).

라고 할 때 "p and q"라는 sentence는 "It rains and the wind blows(비가
오고 바람도 분다)."이다.

이를 symbol로는 p∧q로 나타내고, p와 q의 logical product(논리곱)이라
한다. p∧q에는 다음과 같은 네 가지 가능성이 있다.

① p is true, and q is true.

② p is true, and q is false.
③ p is false, and q is true.
④ p is false, and q is false.

여기서 '~and(~이고)'가 가지는 보통의 뜻대로 위의 각 경우의 T와 F를 판정하면 ①만 T이고 나머지는 F가 된다.

정의1 logical product, 'p∧q'의 truth value는 다음과 같이 define(정의)된다.

p	q	p∧q
T	T	T
T	F	F
F	T	F
F	F	F

Logical sum/logical or(논리합)

p와 q가 proposition일 때 "p or q"란 sentence를 생각해보자. 예컨대

p: It rains.
q: The wind blows.

라면 "p or q"이라는 sentence는 "It rains, or the wind blows(비가 오거나 바람이 분다)."가 될 것이다.

Everyday life에서 'or'라는 단어를 사용할 때 그 뜻이 ambiguous(애매모호)한 경우가 있다. 이를테면 "그 사람을 돌쇠라 부른다. 또는 갑돌이라 부른다."라는 sentence를 생각해보자. 이는 그 사람을 돌쇠라 부르기도 하고 갑돌이라 부르기도 한다는 뜻으로 결국 그 사람이 두 가지 이름으로 불린다는

결론에 이른다.

그러나 "I will marry Miss Kim or Miss Lee(나는 김 양과 결혼할 것이다. 또는 이 양과 결혼할 것이다.)"란 문장에서 'or'은 두 사람 가운데 어느 한 사람과만 결혼한다는 뜻으로 쓰인다. 결국 "p or q"에서 'or'은 두 가지로 interpret(해석)할 수 있다. p나 q 중에서 적어도 한 가지는 일어난다는 뜻이거나, 아니면 p나 q 중에서 어느 한쪽만 일어난다는 뜻이 되는 것이다.

따라서 'or'의 의미를 명확히 규정해야 할 필요가 있다. 수학에서는 or를 'at least, which either(적어도 어느 한쪽)'의 뜻으로 사용하고, "p or q"를 p∨q로 나타내는데, p∨q를 logical sum인 proposition이라 한다.

정의2 logical sum, 'p∨q'의 truth value은 다음과 같이 define된다.

p	q	p∨q
T	T	T
T	F	T
F	T	T
F	F	F

위 표에서 알 수 있듯이 p와 q 가운데 at least one of them(적어도 그중 하나)이 T이면 logical sum의 proposition, p∨q는 T가 된다. 이를테면 "2+3=6"은 F이지만 "π는 irrational number이다."는 T이므로, "2+3=6이거나 π는 irrational number이다."라는 proposition은 T가 된다.

명제의 핵심 proof(증명)

어떤 proposition이 T임을 prove(증명)하는데 assumption(가정)에서 차례로 deduce(추론)하여 conclusion(결론)을 draw(이끌어내다)하는 것이 아니라, 다른 방법으로 그 conclusion이 valid(타당)하다고 prove하는 방법을 indirect proof(간접 증명)라 한다. Indirect proof에는 contraposition(대우명제)을 이용하는 방법과 reductio ad absurdum(귀류법)이 있다.

Proposition p→q를 direct proof(직접 증명)를 하기 어려울 경우 그 contraposition인 ~q→~p가 T임을 prove하면 된다. ~q→~p가 T이면 원래의 proposition p→q가 T이기 때문이다. 이것이 바로 contraposition을 이용한 indirect proof이다. 반면 reductio ad absurdum은 prove하고자 하는 proposition과 반대되는 상황을 assume(가정)하고 여기서 contradiction(모순)을 이끌어냄으로써 원래의 proposition이 T임을 prove하는 것으로, double negation(이중부정), 즉 proposition에 대해 negation of the negation(부정의 부정)을 함으로써 T임을 prove하는 방법이다.

● 철학 선생님과 수학 선생님…

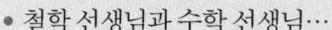

My students drew me into another political argument.

EH; It happens.

Lately, debates bother me. They just show how good smart people are rationalizing.

The world is so complicated—the more I learn, the less clear anything gets. There are too many ideas and arguments to pick and choose from. How can I trust myself to know the truth about anything? And if everything I know is so shaky, what on earth am I doing teaching?

A : 내 학생들이 또 날 정치적인 논쟁에 끌어들였어.

B : 어, 그럴 때가 있지.

A : 요새는 정치적인 논쟁이 날 성가시게 해. 그것들은 그저 똑똑한 사람들이 얼마나 합리화를 잘하는지만 보여준다고.

A : 세상은 너무 복잡해. 내가 더 많이 배울수록 모든 것들이 더 불명확해져. 고르고 선택해야 할 생각과 주장이 너무 많아. 내가 어떤 것에 대한 진실을 안다고 어떻게 자신하겠어? 그리고 만약 내가 아는 모든 것이 이렇게 흔들리면, 난 도대체 뭘 가르친다는 걸까?

B : 내가 보기에 너는 그냥 최선을 다하면 돼. 누구도 학생들에게 보편적 진리를 전해줄 수 없어.
C : 에헴.
B : 수학 선생님을 빼곤 말이지.
C : 고맙네.

reading mathematics

　　　　　명제 논리 또는 센텐셜 로직이라고 불리는 명제론은 형식적 수학 체계로, 공식들은 표상 명제로 해석된다. 명제론은 논리의 형식적 기초로서 개념과 '아니다', '또는', '그리고'와 '포함하다'와 같은 단어의 용법을 다룬다. 명제 논리의 많은 체계들은 공리들의 무모순성, 완비성, 독립성을 얻기 위해 시도한다(attempt to). 명제론은 공식 또는 정리들이 유도될(be derived) 수 있도록 하는 추론 규칙(inference rules)과 공리들의 체계이다. 이것들은 사실 명제로도 해석될 수 있다.

　이러한 체계 내에서 구성되는 일련의 공식들은 유도라고 하며 이러한 일련의 공식들의 마지막 공식을 정리라고 한다. 유도는 정리가 제시하는 명제의 참을 증명하는 것으로 볼 수 있다.

　비록 명제 논리가 이전의 철학자들에 의해 어느 정도 언급되기는 했지만 크리시포스에 이르러서야 형식 논리로 발전되었다. 크리시포스(c. 279 BC~c. 206 BC)는 그리스 스토아학파 철학자다. 그는 실리시아의 솔리에서 태어나 후에 아테네로 옮겨갔고, 그곳 스토아학파에서 클레안테스의 제자가 되었다. 크리시포스는 우주의 움직임과 인류의 역할을 더 잘 이해하기 위해(in order to) 명제 논리의 초기 체계를 만들어냈다. 이 논리 체계는 조건에 더 초점을 맞춘 기존의 삼단논법적 논리와는 다르게(different from) 명제에 더 초점을 맞추었다(focused on).

　하지만 몇 년 후(years later), 스토아학파에 의해 발전된 명제 논리는 더 이상 받아들여지지 않았으며, 그 결과(as a result) 이 체계는 피에르 아벨라르에 의해 본질적으로 다시 고안되었다. 아벨라르는 중세 프랑스 스콜라학파의 철학자이자 신학자, 탁월한 논리학자였다.

　명제 논리의 언어는 다음과 같은 것으로 구성된다(consists of).

1 원자식, 플레이스홀더, 명제 글자 또는 변수라고 불리는 기초 기호,

Sentential Calculus, also known as propositional calculus or sentential logic, is a formal mathematical system where formulas may be interpreted as representation propositions. It is the formal basis of logic that deals with the notion and usage of words like "NOT", "OR," "AND", and "implies." Many systems of propositional calculus attempt to achieve consistency, completeness, and independence of axioms. Sentential Calculus is a system of inference rules and axioms that allow for formulas or theorems to be derived. These may be interpreted as true propositions.

The series of formulas that are constructed within such a system are called a derivation and the last formula of the series is a theorem. The derivation may be interpreted as a proof of the truth of the proposition represented by the theorem.

Although propositional logic had been somewhat mentioned by earlier philosophers, it was developed into a formal logic by Chrysippus. Chrysippus of Soli(c. 279 BC~c. 206 BC) was a Greek Stoic philosopher. He was a native of Soli, Cilicia, and later moved to Athens, where he became a pupil of Cleanthes in the Stoic school. He created an original system of propositional logic in order to better understand the workings of the universe and the role of humanity. This logic system was focused on propositions, which made it different from the traditional syllogistic logic that was focused on terms.

However, years later, the propositional logic developed by the

2 논리 연산자 또는 논리 접속사로 쓰이는 연산 기호

서로 거의(more or less) 동등한 많은 다양한 공식 표현들이 존재하나 그것들은 다음과 같은 세부적인 사항에서(in the details of) 다르다.

1 이것들의 용어, 즉(that is) 특정한 기초 기호 및 연산 기호의 무리,
2 공리 또는 고유의 공식,
3 추론 규칙

우리는 어떠한 주어진 명제도 명제 상수라고 불리는 하나의 문자로 표시할 수 있다. 이것은 예를 들면 $z=7$과 같이 수학에서 한 숫자를 한 문자로 표시하는 것과 유사하다. 모든 명제들은 참 또는 거짓이라는 두 진리값 중 정확히 한 가지를 가져야 한다. 예를 들어 "밖에 눈이 오고 있다."를 명제라고 하자. 이 명제는 밖에 눈이 오고 있다면 참이고 그렇지 않다면 거짓일 것이다.

- 부정을 시작으로(beginning with) 진리 함수 연산자가 정의된다. 우리는 P의 부정 명제를 나타내기 위해 $\sim P$라고 쓰는데, 이는 명제 P의 부정을 뜻한다.
- 주어진 예에서 보면, $\sim P$는 지금 밖에 눈이 내리고 있지 않음을, 즉 "지금 밖에 눈이 내리고 있는 상황이 아니다."란 의미이다.
- P가 참일 때, $\sim P$는 거짓이고 P가 거짓일 때, $\sim P$는 참이다. $\sim P$는 항상 P와 다른 진리값을 가진다.
- 논리곱(conjunction)은 예를 들어 "P이고 Q이다."와 같이 두 개의 더 간단한 명제들에서 한 명제를 만들어내는 진리 함수적인 연결어이다. 우리는 $P \wedge Q$를

stoics was no longer understood and as a result, the system was essentially reinvented by Peter Abelard. Abelard(1079~1142) was a medieval French scholastic philosopher, theologian and preeminent logician.

The language of propositional calculus consists of

1. a set of primitive symbols, also referred to as atomic formulae, placeholders, proposition letters, or variables, and
2. a set of operator symbols, also interpreted as logical operators or logical connectives.

Many different formulations exist that are all more or less equivalent, but they differ in the details of

1. their language, that is, the particular collection of primitive symbols and operator symbols,
2. the set of axioms, or distinguished formulae, and
3. the set of inference rules.

We may represent any given proposition with a letter which we call a propositional constant. This is analogous to representing a number by a letter in mathematics, for instance, $z=7$. It is required that all propositions have exactly one of two truth-values: true or false. For example, let be the proposition that it is snowing outside. This will be true if it is snowing outside and false otherwise.

- The truth-functional operators are defined, beginning with negation. We write $\sim P$ to represent the negation of P, which

"P이고 Q이다."라고 해석한다. 그리고 어떠한 두 명제에서든 다음과 같은 4개의 가능한 진리값이 나온다.

1 P는 참이고 Q도 참이다.
2 P는 참이고 Q는 거짓이다.
3 P는 거짓이고 Q는 참이다.
4 P는 거짓이고 Q도 거짓이다.

1번 상황에서 P와 Q의 논리곱은 참이나 그 외의 경우는 모두 거짓이다. P가 밖에 눈이 오고 있다는 명제이고 Q가 콜로라도 주 위에 한랭전선이 있다는 명제이면, 밖에 눈이 내리고 콜로라도 주 위에 한랭전선이 있다고 했을 때 $P \wedge Q$는 참이다. 만약 밖에 눈이 오고 있지 않다면 $P \wedge Q$는 거짓이고, 콜로라도 주 위에 한랭전선이 없어도 $P \wedge Q$는 거짓이다.

3개의 명제가 한 세트인데, 각 문장은 하나의 명제이고, 마지막은 나머지들의 결과로서 발생한다. 첫 두 문장을 전제라 하고 마지막 문장을 결론이라 한다.

can be thought of as the denial of P.

- In the example given ~P, expresses that it is not snowing outside, or a standard reading would be: "It is not the case that it is snowing outside."
- When P is true, ~P is false; and when P is false, ~P is true. ~P always has the different truth-value as P.
- A conjunction is a truth-functional connective that makes a proposition out of two simpler propositions, for example, P and Q. We read $P \wedge Q$ as " P and Q". In any two propositions, there are four possible assignments of truth values:

1 P is true and Q is true
2 P is true and Q is false
3 P is false and Q is true
4 P is false and Q is false

The conjunction of P and Q is true in case 1 and is false otherwise. Where P is the proposition that it is snowing outside and Q is the proposition that a cold-front is over Colorado, $P \wedge Q$ is true when it is snowing outside and there is a cold-front over Colorado. If it is not snowing outside, is false; and if there is no cold-front over Colorado, then $P \wedge Q$ is false.

This is a set of three propositions, each line is a proposition, and the last follows from the rest. The first two lines are called premises, and the last line is called the conclusion.

problem solving

문제1 $\log_{10} 2$는 무리수이다. 귀류법을 이용해 증명하라.

문제2 A, B, C, D 네 명의 피고가 검사에게 다음과 같이 진술하였다.

> A. C가 범인이다.　　B. 나는 범인이 아니다.
> C. D가 범인이다.　　D. C는 거짓말을 했다.

한 명의 진술만이 참일 경우의 범인과, 한 명의 진술만이 거짓일 경우의 범인을 차례로 나열하라. (단, 범인은 위 네 명 중 한 명이라고 한다.)

➜ 문제풀이는 **249**쪽에

Example 1 $\log_{10}2$ is irrational number. Prove it using reductio ad absurdum.

Example 2 The four accused, A, B, C, and D stated their case to a prosecutor as follows.

> A. C is a culprit.　　　B. I'm not a culprit.
> C. D is a culprit.　　　D. C lied.

Arrange the culprits orderly in case only the statement of one culprit is true and arrange the culprits orderly in case only the statement of one culprit is false. (But, only one of the four accused is said to be a culprit.)

rest in mathematics

명제론의 거인 Bertrand Russell(버트런드 러셀)

버트런드 러셀(1872~1970)

영국의 유명한 logician(논리학자)이자 philosopher, mathematician, social thinker(사회사상가)인 Russell은 blue-blooded son(명문 귀족의 아들)으로 태어났다.

University of Cambridge(케임브리지대학)의 Trinity College(트리니티 칼리지)를 졸업하고 University of Cambridge에서 lecturer(조교수)로 일했으나, First World War(1차 세계대전) 중 anti-war movement(반전운동)에 참여한 것이 화근이 되어 대학에서 쫓겨났다. 1918년에는 6개월간 옥고를 치르기도 했다.

이후 Russell은 Europe(유럽) 각국과 Russia(러시아), America(미국) 등지에서 lecture(강의)를 하며 주로 writings(저술)에 주력하였다. 1950년에 the Nobel Prize for Literature(노벨문학상)를 수상했다.

Logician으로서 Russell은 Frege(프레게)의 achievement(업적)를 계승하고, Dedekind(데데킨트), Cantor(칸토르) 등이 이룩한 modern mathematics의 성과를 base(기반)로 하여 20세기 전반에 symbolic logic(기호논리학)의 history of the preceding age(전사, 前史)를 집대성했는데, Alfred North Whitehead(알프레드 노스 화이트헤드, 1861~1947)와 공저한 《Principia mathematica(수학의 원리)》 전 3권이 바로 그것이다.

Russell의 paradox(역설)

　Russell은 1901년 단지 set(집합) 자체의 개념에만 근거한 paradox를 발견했다. Russell's paradox에 따르면 set은 자신의 element(원소)일 수도 있고, 자신의 element가 아닐 수도 있다. 예를 들면 abstract concept(추상적 개념) 전체의 set은 그 자체로 abstract concept이지만, human being(인간) 전체의 set은 human being이 아니다. 또 set 전체의 set은 그 자체로 set이지만 star(별) 전체의 set은 star가 아니다.

　구체적인 예를 통해 살펴보자. 여러 가지 형태로 popularize(대중화)된 Russell's paradox 중에서 가장 잘 알려진 형태 중 하나는 Russell 자신이 1919년에 present(제시)한 것으로, 어떤 마을의 이발사가 처한 곤경에 관한 것이다. 그 이발사는 스스로 면도하지 않는 사람만을 면도해주겠다는 원칙을 선언했다. 그렇다면 문제는 "그 이발사는 스스로 면도를 하느냐?"는 것이다. 만약 그 이발사가 스스로 면도한다면, 스스로 면도하지 않는 사람만을 면도해주겠다는 자신의 원칙을 따르지 않게 된다. 반면 그 이발사가 스스로 면도하지 않는다면, 그는 스스로 면도하지 않는 사람만을 면도해주겠다는 자신의 원칙에 따라 스스로 면도를 해야 한다.

　Russell은 Frege가 arithmetic(산술)의 기초에 관한 두 권의 뛰어난 책을 완성한 직후, 이 paradox를 Frege에게 letter(편지)로 알려주었는데, 그 letter를 읽은 Frege는 자신의 책 끝에 다음과 같은 비감 어린 문장을 덧붙였다. "Scientist(과학자)에게 자신이 방금 끝마친 연구 결과를 포기해야만 하는 것보다 less desirable(더 바람직하지 않은)한 경험은 없을 것이다. 내 책의 인쇄가 거의 끝나가고 있을 때 Russell로부터 한 통의 letter를 받았고, 그 결과 십여 년 이상의 endeavor(노력)가 수포로 돌아갔다."

Proposition이란?

Statement/proposition(명제)은 capital letter(대문자) P, Q, R, …로 나타내기도 한다. 그리고 이런 statement를 구성하는 algebraic structure(대수적 구조)를 가진 logical operator(논리연산자)가 존재하는데, 그것은 다섯 가지로 다음과 같다.

① not(~아니다) 기호로는 ~
② and(~와/과, 그리고) 기호로는 ∧
③ or(~또는, 아니면) 기호로는 ∨
④ if~ then…(~이면, …) 기호로는 →
⑤ if~and only if…(~이면, 그리고 그때에만…) 기호로는 ↔

바로 이 logical operator를 이용해서 statement에 대한 calculation(연산)을 해결할 수 있는 것이다.

생활 속 논리 문제

Logic은 생활 속에서 벌어지는 problem(문제)의 solution(해결책)을 찾아내는 데 도움이 되곤 한다. 가령 한 농부가 wolf(늑대) 한 마리와 rabbit(토끼) 한 마리, 그리고 carrot(당근)을 가지고 여행을 떠났는데 강을 건너게 되었다고 하자. 반대편으로 건너가는 배에는 한 가지만 실을 수 있다. 만약 wolf와 rabbit을 남겨두면 wolf는 rabbit을 잡아먹을 것이고, rabbit과 carrot을 남겨두면 rabbit이 carrot을 먹어 치울 것이다. 과연 무사히 강을 건너는 방법은? The method is simple(방법은 간단하다). 생각해보라.

3

The Origin of Numbers
숫자의 기원

♂

"(-)는 무엇인가? 그것은 insufficiency(부족)이다. (+)는 무엇인가? 그것은 surplus(과잉)이다." —J. 비트만의 《Rechenung uff allen Kauffmanschafft(상업용 산술서)》에서

basic concept

과거로의 시간 여행
The Origin of Numbers

　고대 사람들은 어떠한 방법으로 numbers(수, 숫자)를 헤아렸을까? 그 방법은 다름 아닌 one-to-one correspondence(일대일대응) 원리를 적용한 '나무 눈금 새기기'이다. Goat(염소) 우리 옆 나무에 goat 한 마리에 scale(눈금) 하나씩을 새겨 넣은 다음, goat와 나무에 새겨진 scale을 하나씩 대응시켜서 남는 눈금의 numbers로 없어진 goat의 numbers를 decide(결정)한 것이다. 지역에 따라서는 이와 똑같은 principle(원리)로 pebble(조약돌)을 사용해 numbers를 헤아렸다.

　사람들은 이러한 process(과정)를 통해 점차 amount of materials(물량)의 많고 적음을 구별하는 데 익숙해져갔다. 그리고 곧 specific(구체적)한 '숫자 개념', 즉 많고 적음에 limit(국한)된 사고를 뛰어넘어 goat '몇' 마리, human(사람) '몇' 명, tree(나무) '몇' 그루에 대응되는 어떤 number의 existence(존재)를 recognize(인식)하게 되었다. 이러한 number에 대한 개념이 싹트면서 사람들은 자기 자신의 신체를 이용해 number를 express(표현)하는 단계에 접어들었다.

　이는 오늘날 야구 경기에서 코치 박스에 있는 감독이 ear(귀)나 noise(코)를 만져 strategy(작전)의 sign(신호)을 보내듯이, 미리 body part(신체 부위)에 number를 하나씩 대응시켜놓고 그것으로 number를 표시한 것이다. 예컨대 오른손 little finger(새끼손가락)부터 thumb(엄지손가락)까지는 차례로 1, 2, 3, 4, 5, 오른손 wrist(손목)는 6, 오른팔 elbow(팔꿈치)는 7, 오른팔 shoulder(어깨)

는 8, 오른쪽 ear는 9 하는 식으로 정해놓는다. In this case(이 경우) 만약 낚시를 갔다 오는 사람에게 고기를 몇 마리 잡았느냐고 물으면 그가 "오른쪽 ear만큼."이라고 말하든가 오른쪽 ear를 직접 만져서 9마리를 잡았다고 표현하는 식이다. 그런데 이것은 그리 convenient(편리)한 방법은 되지 못했다. 만약 그 사람이 우연히 오른팔 elbow가 간지러워서 elbow를 만진다든지, 9가 오른쪽 ear인지 왼쪽 ear인지 confuse(헷갈리다)해서 "왼쪽 ear."라고 답한다면 wrong(잘못된)한 대답이 되기 때문이다. 그래서 at last(결국) 손가락을 이용하여 number를 count(세다)하는 방법이 나타난 것이다.

최초의 number 1과 2

세계 각지에 흩어져 있는 현대의 uncivilized people(비문명인)에게 numbers라는 것은 아직 'one(하나)', 'two(둘)', 그리고 'many(많다)' 정도의 cognitive(인지적)한 수이다. 우리 ancestor(선조)도 number라는 것을 몰랐을 때가 있었다. 이러한 사실로 미루어볼 때 인간은 number를 그 자체로 recognize하는 mental capacity(정신 능력)가 결여되어 있었음이 분명하다.

따라서 first number(최초의 수)라는 것은 1과 2일 수밖에 없다. 1이란 결국 창조 작업을 하는 인간을 가리키는데, 자기 자신이라는 그 자체가 1이 된다는 말이다. 2는 male(남성)과 female(여성), 즉 둘이라는 duplicity(이중)의 의미를 갖고 있으며, symmetry(대칭)라는 의미도 include(포함)한다. 그리고 거울과 같은 obvious(명백)한 symmetry, 아니면 '적'과 '나'라는 hostile relations(적대 관계), 선과 악, 삶과 죽음 같은 dichotomous(이분법적)한 세계관으로 인해 2라는 수를 recognize하게 된 것이라 추측할 수 있다.

오늘날 우리가 사용하는 number

오늘날 우리가 Arabic number(아라비아 숫자)라 부르는 것은 사실 Arabian Peninsula(아라비아 반도)가 아닌 India(인도)에서 invent(발명)되었다. India는 일찍부터 commerce(상업)가 발달함에 따라 complex counting(복잡한 셈)을 간단하게 해낼 수 있는 notation system(숫자 표기법)이 desperately(절실)하게 필요했다. 그들은 BC 2세기에 이미 1에서 9까지의 number에 대응하는 각기 다른 symbol(기호)을 만들었는데, 이 9개의 symbol은 시간이 흐르는 동안 오늘날의 모습과 유사하게 transform(변화)했고, 이러한 과정에서 vacancy(빈자리)를 나타내는 0이 invent되면서 오늘날과 같은 10개의 numbers가 complete(완성)되었다.

Indian(인도인)은 이 10개의 numbers로 10이 될 때마다 한 digit(자리)씩 올라가는 decimal system(10진법)을 썼다. 따라서 Egypt(이집트)나 ancient Rome(고대 로마)에서처럼 자릿수가 올라갈 때마다 새로운 symbol을 만들어야 하는 complexity(번거로움)를 없앨 수 있었다. 또 Babylonian(바빌로니아인)이 number를 표기할 때 애를 먹었던 vacancy의 처리 문제도 0을 이용해 간단히 해결할 수 있게 되었다.

India에서 쓰던 이러한 numeral system(기수법)은 곧 Arabian Peninsula로 전해지고 여기서 다시 Europe으로 전해졌다. 이때 European(유럽인)이 이 숫자들을 'Arabic numerals(아라비아 숫자)'라고 부르면서 오늘날 우리도 그

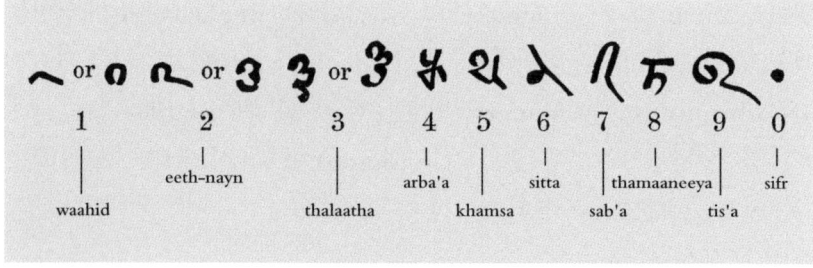

파키스탄 Bakhshali manuscript(박샬리 필사본)에 기록된, 현존하는 가장 오래된 Hindu-arabic numeral system

렇게 부르게 되었는데, accurately(정확)하게 말하면 'Hindu-Arabic numerals(힌두-아라비아 숫자, Indo-Arabic numerals)'라 불러야 옳다. 또 우리가 쓰고 있는 numeral system도 'Hindu-Arabic decimal system(힌두-아라비아 십진법, Indo-Arabic decimal system)'이라 해야 correct(옳다)하다. Europe으로 건너간 decimal system은 처음에는 ignore(무시)되었지만, 그것이 지닌 advantage(장점)로 말미암아 곧 널리 distribute(보급)되었고, 오늘날에는 만국의 공통어가 되었다.

reading mathematics

"1, 2, 3, 치즈!" 하고 카메라 보고 웃어! 그런데 이런 숫자들은 어디서 온 것일까? 숫자 1, 2, 3, 4, 5, 6, 7, 8, 9와 0은 힌두-아라비아 숫자라고 불리는 10가지 기호들의 조합이다. 숫자들은 12세기 유럽에서 레오나르도 피사노라는 이탈리아 수학자에 의해 도입되었다.

피사노는 피보나치라고도 알려져 있으며 북아프리카에서 교육을 받았다. 거기서 그는 힌두-아라비아 숫자를 익히고 후에 이탈리아로 가져왔다. 힌두-아라비아 숫자들은 지금은 우리가 인도라고 알고 있는 지역에서 발달하였다고 알려져 있으며 브라만 숫자라고 불렸다.

1	2	3	4	5	6	7	8	9
—	=	≡	+	ҕ	ԓ	?	ｓ	?

브라만 숫자의 예

BCE 300년경의 불교 비문은 1, 4와 6이 되는 기호들을 보여준다. 한 세기 후에는 숫자 2, 7과 9가 되는 기호의 사용이 기록되었다.

힌두 수 체계는 순수한 자리값 체계였으며 이것은 숫자 0이 플레이스 홀더(place holder)로 사용되었다는 것을 의미한다. 10진법을 기본으로 하고(based) 0을 플레이스 홀더로 사용하는(0 place holding) 힌두-아라비아 수 체계는 CE 500년경 인도에서 만들어졌다.

0의 사용을 보여주는 많은 인도 구리판은 6세기경까지 거슬러올라간다. 하지만 0의 사용이 보편적으로 받아들여진 최초의 증거는 9세기에 중앙 인도 지방 비문에(from an inscription) 기록되었다. 아랍인들은 이 시기에(by this point) 이르자 페르시아에서 이미 0을 사용하기 시작하였다. 0의 사용은 페르시아의 수학자이자 천문학자, 지리학자인 아부 압달라 무하마드 이븐 무사 알콰리즈미의 저서에(in the writings) 언급되었다. 12세기에 인도 숫자에 관

"1, 2, 3, say Cheese!" and smile for the camera! Where do these numbers come from though? The digits: 1, 2, 3, 4, 5, 6, 7, 8, 9, and 0 are a combination of 10 symbols that are also called Hindu-Arabic numbers. The digits were introduced to Europe in the XII century by an Italian mathematician named Leonardo Pisano.

Pisano is also known by the name Fibonacci and was educated in North Africa, where he learned and later brought over to Italy the Hindu-Arabic numerals. They are known to have evolved from the region now known as India and were known as Brahmi numerals.

Buddhist inscriptions from around 300 BCE show the symbols that became 1, 4 and 6. A century later, the use of the symbols, which became the numbers of 2, 7 and 9, was recorded.

The Hindu numeral system was a pure place-value system and this means the number zero was used as a place holder. The decimal based and 0 place holding Hindu-Arabic numeral system was invented in India around 500 CE.

There are many Indian copper plates that show the use of zero that date back as far as the 6th century CE. However, the first universally accepted proof of the use of the zero was recorded in the 9th century from an inscription in Central India. The Arabs had already begun using the zero in Persia by this point. Its use was mentioned in the writings of the Persian mathematician, astronomer and geographer, Abū 'Abdallāh Muhammad ibn Mūsā

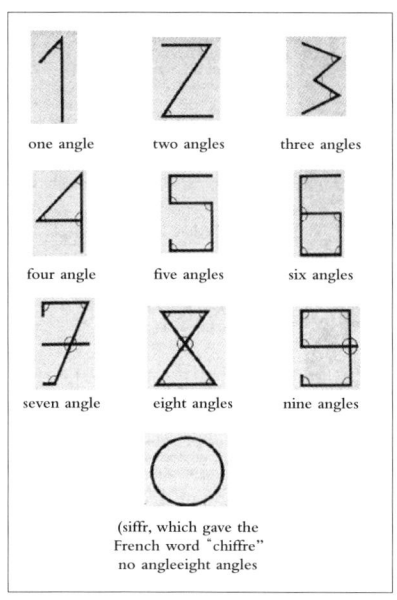

각의 개수에 의해 정의되는 아라비아 숫자의 기원을 보여준다.

한 알콰리즈미의 저서가 라틴어로 번역되면서 서양에 십진기수법을 소개하였다. 그의 저서가 고대 인도 또는 그리스 자료를 기본으로 하고 있음에도 르네상스 시대의 유럽에서는 알콰리즈미를 대수학의 창시자로 생각했다.

0을 사용하지 않은 수 체계(a numeral system without using a zero)를 최초로 유럽에서 사용한(The first Western use) 것은 5세기에 로마 사상가 보에티우스에 의해 보고되었다. 보에티우스는 조약돌 대신(instead of) 작은 솔방울을 사용하여 수판을 만드는 법을 설명하였다. 각 원뿔은 9개의 힌두-아라비아 숫자가 표시되었으며 이것들은 복수로 '애페시즈', 단수로 '에이펙스'라고 불렸다. 에이펙스에는 각각의 명칭이 부여되었다. 1에는 이진, 2에는 안드라스, 3에는 오르미스, 4에는 아르바스, 5에는 퀴마스(또는 퀴즈나스), 6에는 칼티스(또는 칼티스), 7에는 제니스(또는 테니스), 8에는 테메니사, 9에는 쎌렌티스(또는 쎌렌티스). 애페시즈는 각 숫자를 그리는 데 사용된 각의 수였다.

힌두-아라비아 수 체계를 채택하기 전에(Before adopting), 사람들은 에트루리아 시대로 거슬러 올라가 로마 숫자 체계라고 알려진(as) 숫자 체계를 사용하였다. 로마 명수법(命數法, 수를 이름 지어 부르는 법)은 2진-5진 체계를 기본으로 한다.

숫자를 쓰기 위해 로마인들은 가산 체계를 사용하였다. V+I=VI (6) 또는 C+X+X+I+I (122). 또 감산 체계도 사용하였다. IX (X 앞에 I=9), XCIV (C 앞에 X=90 그리고 V 앞에 I=4, 90+4=94). 이러한 라틴 또는 로마 숫자들은 16세기까지 일상적인 현장(daily work settings)에서 사용되었다.

al-Khwārizmī. In the twelfth century, Latin translations of al-Khwārizmī's writings on the Indian numerals introduced the decimal positional number system to the Western world. Though his work was based on older Indian or Greek sources, in Renaissance Europe, al-Khwārizmī was thought to be the inventor of algebra.

The first Western use of a numeral system without using a zero, was reported in the Vth century by the Roman writer Boethius. Boethius explained how to create an abacus using small cones instead of pebbles. The cones each had the symbol of the nine Hindu-Arabic digits marked on them and these were called apices. The early representations of digits in Europe were called "apices" in the plural and an "apex" in the singular. Each apex also was assigned an individual name: Igin for 1, Andras for 2, Ormis for 3, Arbas for 4, Quimas (or Quisnas) for 5, Caltis (or Calctis) for 6, Zenis (or Tenis) for 7, Temenisa for 8, and Celentis (or Scelentis) for 9. The apices were the number of angles used to draw each number.

Before adopting the Hindu-Arabic numeral system, people used a number system dating back to the Etruscan period known as the Roman Numeral system. The Roman numeration is based on a biquinary (5) system.

To write numbers the Romans used an additive system: V+I=VI (6) or C+X+X+I+I (122), and also a subtractive system: IX (I before X=9), XCIV (X before C=90 and I before V=4, 90+4=94). These Latin or Roman numerals were used in daily work settings until the late XVI century.

problem solving

문제1 세 수의 쌍 (a, b, c)에 대해 다음과 같은 연산이 이루어질 수 있다. 한 수를 2만큼 증가시킬 때 동시에 나머지 두 수는 1만큼 감소한다. 이러한 연산을 통해 세 수의 쌍 $(16, 18, 20)$으로부터 두 수가 0이 되는 세 수의 쌍을 구할 수 있는가?

문제2 수 $\sqrt{2+\sqrt{2+\sqrt{2+\cdots}}}$ 와 2 중에서 어느 수가 더 큰가?

문제3 다음 조건을 보고 물음에 답하여라.

> 등식 $a^2+b^2=c^2$을 만족시키는 세 자연수 a, b, c를 피타고라스 수라고 부른다. 만약 a, b, c가 1 이외의 공약수를 가지지 않으면(서로소), 이러한 피타고라스 세 수를 원시 피타고라스 세 수라고 부른다.

a, b, c가 원시 피타고라스 수일 때 ab가 12로 나누어 떨어짐을 증명하여라.

➜ 문제풀이는 249쪽에

Example 1 Following operation can be done to a pair of three numbers (a, b, c). As you increase one number by 2, at the same time, reduce remaining two numbers by 1. Through this operation, could you be able to find a pair of three numbers which two numbers become 0 from (16, 18, 20)?

Example 2 Which number is bigger between $\sqrt{2+\sqrt{2+\sqrt{2+\cdots}}}$ and 2?

Example 3 Answer the question using following condition.

> We call three natural numbers a, b, c which satisfies an equality $a^2+b^2=c^2$ as Pythagorean triple. If a, b, c doesn't have any common divisors except 1 (relatively prime), we call this Pythagoras triple as Primitive Pythagorean Triple.

Prove ab can be divisible by 12 where a, b, c are primitive pythagorean triple.

rest in mathematics

The one에 관한 이야기

New bride(새색시)가 친정 시골집에서 친정 어머니와 다정하게 이야기를 하는 자리에 우연히 함께한 일이 있었다. 이때 모녀의 main topic(주요 화제)은 love with the bridegroom(신랑과의 금슬)이었는데, new bride가 husband(남편)를 가리키는 pronoun(대명사)이 흥미를 끌었다. 그녀는 약간 수줍어하면서 husband를 가리켜 'the one(하나)'이라고 했다.

New bride가 영어의 'the one'을 의식해서 하는 말은 물론 아닐 터인데 그 'the one'이라는 expression(표현)이 very naturally(대단히 자연스럽게)하게 들렸다. New life(새 삶)를 시작하는 New bride에게 husband는 'the one'일 수밖에 없었을 테고, unknown world(미지의 세계)로 들어서는 threshold(문턱)에서 expectation(기대)과 flutter(설렘)로 가슴 부푼 New bride가 husband와 자신이 'the one'이 됨을 깨달은 데서 나온 말일지도 몰랐다.

New bride의 어머니도 곧 그 뜻을 알아차리고 딸의 입에서 나온 'the one'이라는 말에 satisfy look(흐뭇한 표정)을 지으면서 몇 번이고 head(고개)를 nod(끄덕이다)하기까지 했다.

Scientist(과학자)는 truth(진리) 또는 어떤 absolute law(절대적인 법칙)라 믿어지는 것을 'the one'의 basic principle(기본 원리)로 삼고, 종교에서는 'God(하나님)'을 내세워 세계를 이해하려 든다. Sophisticated(정교)한 scientific principle(과학적 원리)이나 doctrines of theology(신학 교리)도 따지고 보면 earliest stage(처음 단계)에서는 new bride가 'the one'을 의식하는 것과 별반 차이가 없다. 그뿐 아니라. 해마다 되풀이해서 돌아오는 1월 1일에 각별한 의미를 부여하는 psychological motive(심리적 동기)도 역시 이 'the one'의 자각에서 비롯된 것이다. 이 모든 것은 인간의 삶 속에서 standard(규범)를 establish(확립)하고 desirable(바람직)한 생활이 이루어지기를 바라는 마음에서 나온 것이라 볼 수 있겠다. The one, 즉 1은 우리 마음속에 'start(출발)'라는 의미를 다지게 해주는 그런 숫자인 것이다.

Negative number의 발견과 역사

중국에서의 음수 China(중국)는 negative number(음수)를 계산에 introduce(도입)한 최초의 나라이다. Europe은 negative number를 number로 인정한 지 불과 몇 세기밖에 되지 않았지만,《구장산술(九章算術)》을 보면 China에서는 이미 1세기경에 negative number를 사용하였다.

《구장산술》은 measurement(측량), agriculture(농업), joint management(공동 경영), engineering(공학), tax collection(세금 징수), mathematics(계산), equation(방정식)의 풀이법, right-angled triangle(직각삼각형)의 성질 등에 관한 문제를 다룬 중국 고대의 수학책이다.

이 책에는 positive number(양수)와 negative number를 사용하여 simultaneous equation of the first degree(연립일차방정식) 문제를 푸는 방법이 소개되어 있다. 참고로 이 책의 equation 장에 나온 여섯 번째 문제를 오늘날의 x, y 표기법을 이용해 바꿔보면 다음과 같다.

$3x-10y+6 = 0$
$-2x+5y+1 = 0$

Chinese(중국인)는 고대로부터 두 종류

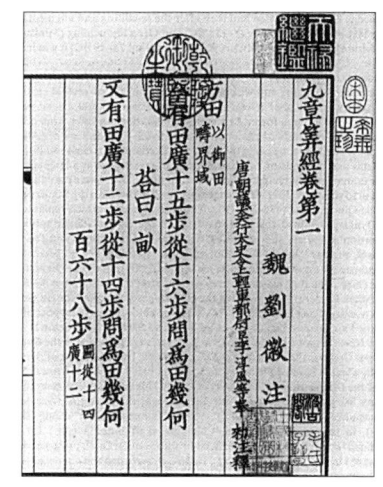

《구장산술》의 한 페이지

의 product(산물) — 붉은색을 nonnegative coefficient(양의 계수)나 positive number로, 검은색을 negative number로 계산하는 것 — 에 익숙해서 negative number의 개념이 익숙하다고 한다. 그러나 negative number가 equation의 value(해)가 될 수 있다는 생각은 하지 않았다고 한다.

The West(서양)보다 China에서 먼저 negative number가 사용된 것은 the East(동양)의 기본 사상인 theory of negative and positive(음양론)의 영향이 크다. 그것은 결국 수학에서 algebra(대수학)적인 성격으로 나타났고《구장산술》에서 본 바와 같이 equation의 풀이 부분에서 negative number의 표시와 method of elimination by adding and subtracting(양수, 음수 상호간 가감소거법)을 다루기에 이른 것이다.

인도에서의 음수 Indian은 substraction sign(뺄셈 기호)을 써서 negative number를 만들었는데, 양(陽)의 양(量)의 substraction(뺄셈)을 음(陰)의 양(量)의 addition(덧셈)으로 고쳐 생각하였다. India의 수학자인 Brahmagupta(브라마굽타)는 positive number는 'property(재산)', negative number는 'debt(부채)'와 같이 반대의 개념으로 사용했는데, negative number와 0의 산술에 대한 systematic study(체계적인 연구)를 하였다.

그가 쓴 천문학 저서《Brahmasiddhanta(브라마시단타)》에 quadratic equation(이차방정식)의 공식이 나오는데, 중앙항의 소거항 법칙이라고 하여 perfect square(완전제곱) 꼴로 만들어 풀이하였다. 다시 말해 $ax^2+bx=c$의 해법을 문장으로 설명하였고, 이것을 식으로 나타내면 $x=\sqrt{\frac{4ac+b^2-b}{2a}}$이다.

그 뒤 Bhāskara(바스카라)가 자신의 책《Lilavati(릴라바티)》에서 numbers의 multiplication(곱셈), division(나눗셈)의 계산 법칙을 처음으로 다루었다. 그는 square root(제곱근)에 double sign(복호, ±)이 있다는 것뿐만 아니라 negative number의 square root가 불가능하다는 것도 recognize하고 있었기 때문에 square root에 양, 음의 두 value(해)가 있다는 것을 분명히 하고 quadratic equation $ax^2+bx=c$의 root는 $x=\frac{\pm\sqrt{ac+(\frac{b}{2})^2}-b}{a}$임을 문장으로 설명하였다. 그런데 applied problem(응용 문제)을 풀면서 Bhāskara는

negative number의 value를 버렸다. 두 value 중 하나는 unreasonable(불합리)한 것으로 생각하였기 때문이다.

이 당시 사람들은 number 개념을 size(크기)의 개념으로 보았기 때문에 negative number를 가치 있는 number로 받아들이기가 어려웠던 것으로 보인다.

유럽에서의 음수   Negative number는 algebraic equation(대수방정식)의 value를 구하려는 urge(욕구)에서 appear(등장)하였다. Linear equation(일차방정식) $4x-8=0$에서 $x=2$이지만 $4x+8=0$에서 x는 positive number에서 value를 구할 수가 없다. Linear equation $ax+b=0\,(a\neq 0)$의 value가 모든 경우에 존재한다고 말하기 위해서는 new number(새로운 수)가 필요했다. 즉 all types(모든 유형)의 equation의 root들을 하나의 formula(식)로 표현하려는 노력과 equation 풀이의 general validity(보편적 타당성)를 guarantee(보증)하려는 바람으로 수학자들은 'fictitious(허구의)' root인 negative number를 도입했던 것이다. 그리고 이 new number에 name(이름)을 붙인 수학자가 바로 이탈리아의 Girolamo Cardano(지롤라모 카르다노)이다. 그는 equation을 풀 때 negative number의 root를 'fictitious' root라고 불렀다.

그 당시 European 또한 Indian과 마찬가지로 number 개념을 size 개념에 subordinate(종속)시켰기 때문에 negative number를 unfair number(부당한 수)로 보았고, 수학자들도 positive number의 root를 얻기 위해 negative number를 사용했을 뿐 equation의 value로 받아들이지는 않았다.

역사적으로 많은 수학자들이 negative number의 existence를 알고 있기는 하였으나 그것을 number로 받아들이지 않았다. 13세기 초, Fibonacci(피보나치)는 《Liber abaci(주판서, 珠板書)》에서 'plus', 'minus'를 처음으로 사용하

지롤라모 카르다노(1501~1576)

였고, natural number(자연수)와 negative number를 earning(소득)과 loss(손실)로 해석하여 negative number에 lawfulness(합법성)를 부여하려 하였다.

그리고 독일의 수학자인 Widmann(비트만)은 1489년《Rechenung uff allen Kauffmanschafft》에서 "What is minus? 그것은 insufficiency이다. What is plus? 그것은 surplus이다."라고 썼다. + symbol, − symbol은 처음에는 storage(창고)에 있는 물건이 남고 모자람을 나타내기 위해 사용한 것이었는데, 뒤에 mathematical symbols(계산 기호)가 되었다.

Negative number를 완전한 수로 사용한 사람은 coordinates geometry(좌표기하학)의 founder(창시자)인 프랑스의 Descartes(데카르트)이다. 이어 analytic geometry(해석기하학)가 탄생하면서 수학은 each field(각 분야)가 서로 보완하며 발전하기 시작하였다. 또 어떤 개념에 대해 various interpretation(다양한 해석)을 시도하게 되었으며, diagram(도형)을 기술하는 equation의 일반적인 타당성에 대한 needs(필요) 때문에 negative number는 보편적으로 accept(용인)되었다. 그러나 negative number는 무(無)보다 작기 때문에 negative number인 root를 'fictitious root'라고 부르는 등 negative number의 도입에는 상당한 저항이 따랐다.

17세기에 들어 negative number를 사용해야 할 경우가 점점 늘어났지만, 그 개념이 명확해지기까지는 보다 긴 시간이 필요했다. 일부 수학자들은 negative number를 경계하였고, 심지어 use(사용)하는 것에 저항하기까지 했다. 한 예로 theologian(신학자)이며 수학자인 Arnauld(아르노)는 −1이 1보다 작다는 조건 아래에서 "어떻게 작은 것과 큰 것의 ratio(비)가 큰 것과 작은 것의 ratio와 같을 수가 있겠는가?"라고 문제를 제기하며, −1∶1 = 1∶−1임을 쉽사리 받아들이지 못했다.

18세기 최고의 수학책들에서도 여전히 negative number 앞에 붙는 minus sign(음의 기호)과 subtraction sign을 confuse(혼동)했는데, 마침내 1770년 Euler(오일러)가 debt를 갚는 것은 present(선물)를 주는 것을 의미하므로 "−b를 뺀다."는 calculation(연산)을 "b를 더한다."는 것으로 justify(정당화)하였으며, (-1)×(-1)=1이어야 한다고 주장하였다. 그러나 그 역시도 "$\frac{a}{0}=\infty$이므로, a를 0보다 작은 수로 나눈 결과는 ∞보다 커야 한다."는 논리에서 negative number가 ∞보다 크다고 믿었다. 즉 $\frac{1}{1-x}=1+x+x^2+x^3\cdots$와 같은 문제에서, infinite series(무한급수)의 한계를 몰랐던 Euler는 $x=2$를 대입하여 다음과 같은 result(결과)를 얻었다. $-1=\frac{1}{1-2}=1+2+2^2+2^3\cdots$ 그 결과 음수가 ∞보다 크다고 생각했던 것이다.

헤르만 헨켈(1839~1873)

　Negative number의 existence 및 system에 대해 complete(완전)한 success(성공)를 거둔 것은 19세기 독일의 수학자인 Hermann Henkel(헤르만 헨켈)에 의해서였다. 19세기에 이르러 수학에 대한 관점에 fundamental change(근본적인 변화)가 일어났는데, Henkel은 negative number를 받아들이기 위하여 더 이상 구체적인 모델을 찾지 않았다. 그에게 negative number는 실제적인 것을 나타내는 개념이 아니라 formal(형식적)한 구조를 이루는 것이었다. 그로 인해 비로소 negative number는 quantity(양)로 받아들여지지 않고 순수하게 formal한 개념으로 간주된 것이다.

4

Real Number and Complex Number
실수와 복소수

우리나라 textbook on mathematics(수학 교과서)에 나오는 대부분의 term(용어)은 term 자체에 definition(정의)이 있다. 물론 rhombus(마름모)와 같이 exceptional(예외적)한 경우도 있지만, 본래 어떤 수학적 개념을 define(정의)할 때는 term 자체에 그것이 담기게 하는 것이 이후 그 term을 use(사용)하기에 convenient(편리)하기 때문이다. Real number(실수)의 definition은 "rational number(유리수)와 irrational number(무리수) 전체를 통틀어 일컫는 수"이다. 그런데 이 definition과 term 사이에 눈에 띄는 association(연관성)은 없어 보인다.

basic concept

수학의 언어
Real Number

인간이 자연스럽게 인식할 수 있는 lowest level(가장 낮은 수준)의 numbers(수)는 natural number(자연수)라 할 수 있다. 누구나 사물의 개수를 하나, 둘, 셋 세면서 natural number의 concept(개념)을 learn(터득)한다. 어떤 natural number를 가져와도 그다음 natural number를 말할 수 있고, 이런 과정을 통해 "Numbers에는 end가 없다."는 사실도 깨닫게 된다. In a sense(어떤 의미에서는) numbers가 infinitely(무한히)하게 많다는 사실은 인간이 최초로 겪게 되는 놀라운 mathematical experience(수학적 경험)라 할 수 있다.

Numbers의 범위를 natural number에서 integer로 넓히는 것은 0과 negative integer(음의 정수)만 고려하면 되므로 그리 어렵지 않다. The only problem(유일한 난점)이라면 두 integer의 multiplication(곱셈), 특히 negative integer끼리 multiply(곱)하는 것을 어떻게 생각하느냐이다. Positive integer(양의 정수)는 natural number와 같으므로 '개수'라는 관점에서 multiplication을 생각하는 것이 자연스럽지만, 개수로는 explain(설명)하기 힘든 negative integer에 대해서는 multiplication을 생각하기가 자연스럽지 않기 때문이다.

일단 integer의 concept이 established(확립)되고 나면, rational number는 relatively(비교적) 자연스럽게 define된다. Rational number는 "두 integer의 ratio(비)"로 생각할 수 있기 때문이다. The next step(그다음 단계)이라 할 수 있는 real number는 어떻게 define해야 될까? Model of real number(실수의 모델)가 되는 것으로 length(길이)를 들 수 있다. 그런데 이 length를 나타내는 number가 rational number와 달라야 할 이유가 있을까? In fact(실제로) ancient Greece(고대 그리스)의 Pythagoras(피타고라스)는 length를 나타내는 number는 모두 rational number라고 생각하였다.

지금이야 rational number가 아닌 real number가 있다는 fact(사실)를 배워서 알고 있으므로, 누구나 "rational number가 아닌 real number가 존재한다."라고 자신 있게 말할 수 있지만, Pythagoras 시대에 살고 있다고 상상해보면, rational number가 아닌 real number, 즉 irrational number의 존재를 생각해낸다는 것이 결코 쉽지 않음을 알 수 있다. 사실 ancient Greece를 제외한 다른 cultural sphere(문명권)의 수학에서는 irrational number와 rational number를 구별할 생각을 전혀 하지 않았다는 사실만 보아도 이런 categorization(분류)이 결코 자명하지 않음을 알 수 있다.

사실 Pythagoras가 irrational number를 discover(발견)한 것은 rational number보다 더 큰 범위의 numbers를 만들려는 적극적인 시도에서 나온 것도 아니고, 기존에 알고 있던 numbers를 분류하려는 소극적인 시도에서 나온 것도 아니었다. Pythagoras가 생각하였던 것은 어찌 보면 지극히 당연해 보이는 착상이었다. Length가 다른 two sticks(두 개의 막대)가 주어졌다고 가정해보자. Pythagoras는 two sticks를 적당히 divide(나누다)하면, two sticks 모두 어떤 unit length(단위 길이)의 integer 배가 되게 할 수 있다고 생각했다. 우리가 ruler(자)를 가지고 length를 재는 act(행위)를 생각해보면, 이것은 꽤 당연한 생각이라 할 수 있다. 이처럼 two sticks의 length가 모두 어떤 length의 integer 배가 될 때, two sticks의 길이는 commensurable(통약가능)이라고 한다. Pythagoras는 stick의 length가 모두 어떤 unit length의 rational number 배가 된다고 하는 대신에, two sticks 사이의 relationship(관계)에만 집중하였다. 직접 rational number를 다루는 것은

somewhat vague(다소 모호하지만), 이처럼 commensurable을 가지고 numbers를 다루는 것은 매우 simple(간단)하면서도 clear(명료)하고 specific(구체적)하다.

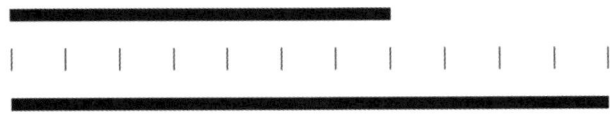

피타고라스의 막대

위의 two sticks의 length의 ratio는 7:11로 commensurable하다.

만약 two sticks의 length a와 b가 commensurable하다면, moderate length(적당한 길이) u가 있어서 a와 b 모두 u의 multiple(배수)이 되게 할 수 있다. 따라서 적당한 두 integer m과 n에 대해 $a=mu$이고 $b=nu$라면, $a:b=m:n$이 된다. 즉 a와 b가 what kind of number(어떤 종류의 수인지)에 상관없이 두 수의 ratio $a:b$를 항상 integer의 ratio $m:n$으로 바꾸어 나타낼 수 있다. 이 식을 조금 변형하면 $a=m/n\times b$가 되어 length of one side(한쪽 길이)가 다른 쪽 길이의 m/n배가 되게 할 수 있다. 따라서 Pythagoras의 생각대로 모든 numbers가 서로 commensurable하다면 length를 나타내는 어떤 두 수를 골라도 한 수가 다른 수의 rational number 배가 되어야 한다. 모든 수가 rational number라는 생각은 thoughtlessly(무작정)하게 rational number를 define하자는 데서 나온 것이 아니라, 이런 process of deduction(추론 과정)을 거쳐 얻은 것이었다.

물론 Pythagoras의 이런 순진한 생각은 옳지 않다는 것이 나중에 밝혀졌다. Typical(대표적)한 irrational number의 예인 $\sqrt{2}$의 discovery(발견)가 바로 그것이다. $\sqrt{2}$는 integer의 ratio로 표현될 수 없으므로 rational number가 아님을 알 수 있지만, 이 사실을 commensurable 관점에서 보면 square(정사각형)의 한 변의 length와 diagonal line(대각선)의 length는 incommensurable(통약불가능)하게 된다.

즉 square에서 한 변의 length와 diagonal line의 length는 integer의

ratio로 표현할 수 없다.

Irrational number의 discovery로 수학자들에게 real number를 deal(다루다)하는 것은 쉽지 않은 일이 되었다. Rational number는 natural number에서 출발하여 ratio로 이해할 수 있으므로 finite(유한)한 단계의 constitutive(구성적)한 방식으로 설명이 되지만, irrational number는 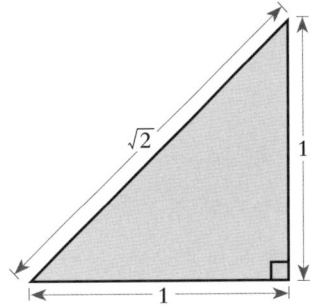 fundamentally(근본적)한 finite한 단계로는 설명할 수 없는 number이기 때문이다. 따라서 수학자들은 직접 real number와 관련된 idea(개념)는 물론 geometric content(기하학적인 내용)까지도 proof(증명)를 하기가 대단히 어려워졌다.

이 문제를 해결하기 위해 주어진 real number에 대한 proposition(명제)을 직접 prove(증명)하는 대신에 그 real number보다 작은 수와 큰 수에 대한 inequality(부등식)를 이용해 주어진 real number에 대한 proposition을 prove하는 기법이 개발되었다. Method of exhaustion(착출법, 窄出法)으로 불리는 이 technique은 primitive(원시적)한 형태의 limit(극한) 개념이라 할 수 있으며, 이것은 17세기에 이르러 integral theory(적분 이론)로 발전한다.

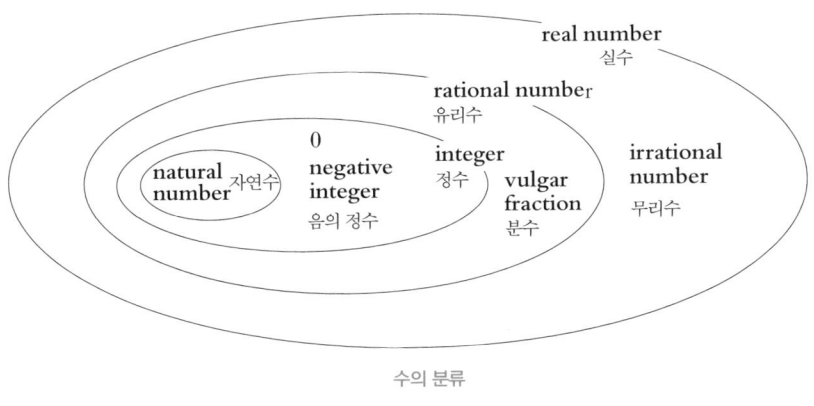

수의 분류

reading mathematics

복소수는 계산에 사용될(used in) 수 있고 물리적으로 의미 있는 해답을 낼(result in) 수 있는 유용한 추상적 개념의 양이다.

복소수는 실질적인 해답이 없는 특정한 방정식에 해답을 준다(allow for). 예를 들어 방정식 $(x+1)^2=-9$는 실수의 제곱은 0 또는 양수이기 때문에(since) 실수 해가 없다.

복소수는 이 문제에 답을 준다.

해법은 위와 같은 방정식의 답이 구해질 수 있도록 $i^2=-1$이라는 허수 단위를 가지는 실수로 확장시키는 것이다.

이 경우에 위의 방정식의 답은 $-1 \pm 3i$이다.

실제로 한 개의 변수의 이차방정식뿐만 아니라(not only) 모든 다항식은(but all polynomial equations) 복소수를 이용하여 답을 구할 수 있다.

복소수란 a와 b가 실수이고 i가 $i^2=-1$를 만족시키는(satisfying) 허수 단위일 때, $a+bi$의 형식으로 표현될 수 있는 수이다. 예를 들어 $-3.5+2i$는 복소수이다. $a+0i$를 a로, $0+bi$를 b로 쓰는 것은 흔한 일이다. 게다가 $b>0$일 때, 허수부가 음수인 경우 $a+(-b)i$ 대신에 $a-bi$라고 쓴다. 예를 들어 $3+(-4)i$ 대신에(instead of) $3-4i$라고 쓰는 것이 일반적이다.

복소수는 또한 실수부와 허수부를 다룬다. 복소수는 실수가 허수와 결합된 것이다(combined with).

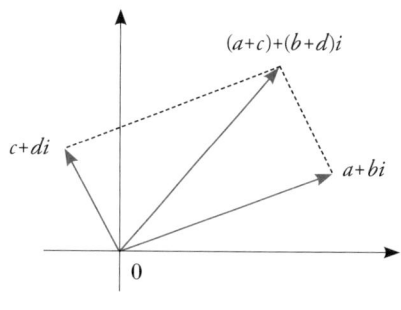

복소수의 덧셈과 뺄셈

Complex numbers are useful abstract quantities that can be used in calculations and result in physically meaningful solutions.

Complex numbers allow for solutions to certain equations that have no real solution. For example, the equation $(x+1)^2=-9$ has no real solution, since the square of a real number is either 0 or positive.

Complex numbers provide a solution to this problem.

The idea is to extend the real numbers with the imaginary unit i where $i^2=-1$, so that solutions to equations like the one above can be found.

In this case, the solution to the equation from above is $-1\pm 3i$.

In fact, not only quadratic equations but all polynomial equations in a single variable can be solved using complex numbers.

A complex number is a number that can be expressed in the form $a+bi$ where a and b are real numbers and i is the imaginary unit, satisfying $i^2=-1$. For example, $-3.5+2i$ is a complex number. It is common to write a for $a+0i$ and bi for $0+bi$. In addition, when the imaginary part is negative, it is common to write $a-bi$ with $b>0$ instead of $a+(-b)i$, for example $3-4i$ instead of $3+(-4)i$.

A complex number also deals with real and imaginary parts. A complex number is a real number combined with an imaginary number.

실수는 다음과 같은 일반적인 수이다.

　　$1, -100, 38.5, 0.2\dot{7}, \pi=3.141592\cdots$

허수는 제곱했을 때(when they are squared) 음수 결과가 나오므로(give a negative result) 특별하다.

허수의 단위는 문자 i로 표현되고(is represented with), 이것은 -1의 제곱근이다.

그러므로 우리가 갖는 답은 다음과 같다.

$$a+bi$$
　　　실수부　허수부　$\sqrt{-1}$

다른 몇 가지 예시들은 다음과 같다.

$1+i$

$29+7i$

$0.09-2.8i$

$-2+\pi i$

복소수는 보통 x, y 축 그래프, 다시 말해(in other words) 좌표 평면에 표현된다(represented on a plane).

x축과 y축을 그리고 복소수 $a+bi$에 좌표 (a, b)의 표시점 P를 준다(take).

그러면 점 P는 복소수 (a, b)의 대응되는 점으로 보여진다.

Real numbers are just regular numbers like:

$1, -100, 38.5, 0.2\dot{7}, \pi = 3.141592\cdots$

Imaginary numbers are special because when they are squared, they give a negative result.

The unit for an imaginary number is represented with the letter i, which is the square root of -1.

So the result we get would look like this:

$$a+bi$$

Real Part   Imaginary $\sqrt{-1}$

Some other examples might be:

$1+i$

$29+7i$

$0.09-2.8i$

$-2+\pi i$

A complex number is usually represented on an x, y axis graph or in other words, represented on a plane.

You would take an x-axis and a y-axis and give the complex number $a+bi$ the representation-point P with coordinates (a, b). The point P is then shown as the image-point of the complex number (a, b).

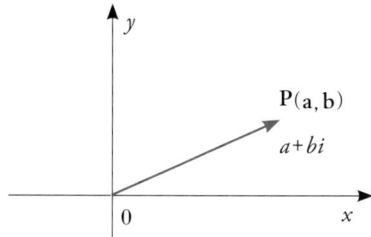

　복소수는 엔지니어링, 전자기학, 양자 물리학과 응용수학을 포함하는 여러 과학 분야에서 사용된다.

　복소수는 이탈리아 수학자 지롤라모 카르다노가 처음 소개한 것으로 보인다. 16세기에 그는 3차 방정식의 해답을 찾으려고 시도하는 동안 복소수를 '허구의' 수라고 불렀다.

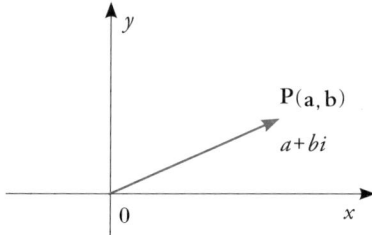

Complex numbers are used in various scientific fields, including engineering, electromagnetism, quantum physics, and applied mathematics.

Complex numbers appear to have first been introduced by the Italian mathematician Girolamo Cardano. He called them "fictitious" numbers, during his attempts to find solutions to cubic equations in the 16th century.

problem solving

문제 1 다음은 n이 자연수일 때, $\sqrt{n(n+2)}$ 가 무리수임을 증명한 것이다.

$\sqrt{n(n+2)}$ 가 ☐(A)☐ 라 가정하면, 서로소인 두 자연수 a, b 에 대하여
$\sqrt{n(n+2)} = \dfrac{a}{b}$ 로 나타낼 수 있고, 양변을 제곱하면
$n(n+2) = \dfrac{a^2}{b^2}$ … Ⅰ

$n(n+2)$는 자연수이고, a, b 는 서로소이므로
$b^2 = $ ☐(B)☐ … Ⅱ

Ⅱ를 Ⅰ에 대입하면
$(n+1)^2 - a^2 = $ ☐(C)☐
$(n+1+a)(n+1-a) = $ ☐(C)☐
따라서 $n+1+a, n+1-a = $ 는 ☐(D)☐ 이다.

이때 n과 a가 자연수라는 가정에 모순이다.

그러므로 $\sqrt{n(n+2)}$ 는 무리수이다.

위의 증명에서 ☐안의 (A), (B), (C), (D)에 알맞은 것을 순서대로 적은 것은?

① 유리수, 1, 1, 모두 -1이거나 모두 1
② 유리수, 1, 1, 모두 -2이거나 모두 2
③ 유리수, 2, 4, 모두 -2이거나 모두 2
④ 무리수, 1, 1, 모두 -2이거나 모두 2
⑤ 무리수, 2, 4, 모두 -1이거나 모두 1

Example 1 The following is to prove that when n is natural number, $\sqrt{n(n+2)}$ is irrational number.

> Supposing that $\sqrt{n(n+2)}$ is ☐(A)☐, about the relatively prime, the two integer — a and b, $\sqrt{n(n+2)}=\dfrac{a}{b}$ is possible. If both sides are squared,
> $n(n+2)=\dfrac{a^2}{b^2}$ ⋯ Ⅰ
> as $n(n+2)$ is natural number and a, b is relatively prime
> $b^2=$ ☐(B)☐ ⋯ Ⅱ
> if Ⅱ is substituted to Ⅰ,
> $(n+1)^2-a^2=$ ☐(C)☐
> $(n+1+a)(n+1-a)=$ ☐(C)☐
> Accordingly, $n+1+a, n+1-a=$ is ☐(D)☐.
>
> Now, the assumption that n and a are natural numbers is contradictory.
> Therefore, $\sqrt{n(n+2)}$ is irrational number.

In the above proof, which of the following was written in the correct order for the appropriate one for (A), (B), (C), and (D) in ☐?

① rational number, 1, 1, all −1 or all 1
② rational number, 1, 1, all −2 or all 2
③ rational number, 2, 4, all −2 or all 2
④ irrational number, 1, 1, all −2 or all 2
⑤ irrational number, 2, 4, all −1 or all 1

문제2 아래 그림과 같이 정사각형 모양의 길에서 재훈이와 용완이 두 사람은 A에서 함께 출발하여 재훈이는 각 변을 따라 A부터 시작하여 B, C, D를 도는 운동을 하고, 용완이는 A와 C 사이, 즉 정사각형의 대각선만 왕복 운동한다.

두 명이 동시에 출발해서 같은 속도로 움직인다고 할 때, 두 사람은 만날 수 없음을 보여라.

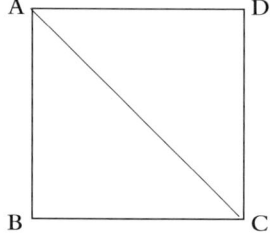

Example 2 As shown in the figure below in a square way Jae Hoon and Yong Wan started from A together. Jae Hoon starting from A circles around B, C, and D along each side and Yong Wan shuttles between A and C, that is, only the diagonal line of square shuttles.

When both of them start at the same time and move at the same speed, prove that the two people cannot meet.

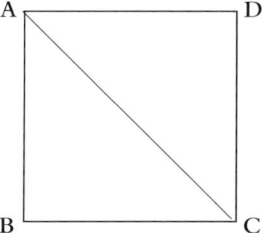

rest in mathematics

19세기 최대의 수학자 Karl Friedrich Gauss(카를 프리드리히 가우스)

카를 프리드리히 가우스(1777~1855)

Gauss는 독일의 수학자이다. Algebra(대수학), analytics(해석학), geometry(기하학) 등 여러 방면에 걸쳐서 brilliant achievements(뛰어난 업적)를 남겨 19세기 최대의 mathematician이라고 일컬어진다.

Mathematics(수학)에 이른바 수학적 엄밀성과 완전성을 도입하여, mathematical physics(수리물리학)로부터 독립된 pure mathematics(순수 수학)의 길을 개척했을 뿐 아니라 동시에 modern mathematics(현대 수학)를 확립하였다. 또 physics(물리학), 특히 electromagnetic(전자기학), celestial mechanics(천체역학), geodesy(측지학) 등에도 크게 contribute(공헌)하였다.

Gauss는 빈궁한 노동자의 아들로 태어났지만 10세 때 이미 arithmetic series(등차급수)의 sum(합)의 공식을 창안하는 등 뛰어난 능력을 보여 어머니와 주변 사람들의 도움으로 학교에 들어갈 수 있었다. 고등학교 때에는 number theory(정수론), least square(최소제곱법) 등을 창안해 주위 사람들을 또 한 번 놀라게 했으며, University of Göttingen(괴팅겐대학) 재학 중에 Heptadecagon(정십칠각형) 문제에 immersed(열중)한 일이 계기가 되어 이후 수학자의 길을 걷게 된다.

Gauss는 University of Göttingen에서 University of Helmstedt(헬름슈테트대학)로 옮겨가 22세 때 degree(학위)를 받고, 이후 그가 고등학교와 대학을 다니는 데 도움을 줬던 페르디난트 공(公) 밑에서 mathematics를 연구한다. 1801년 publish(간행)한 masterpiece(명저) 《Disquistiones arithmeticae(정수론 연구)》에서는 2차 reciprocity law(상호법칙)의 proof를 풀이하였으며, congruent expression(합동식)의 대수적 기법을 도입하여 이 분야에 groundbreaking feats(획기적인 업적)를 쌓았고, thesis(학위 논문)에서 이룩한 algebra의 기본 정리에 대한 proof로 academic world(학계)에 이름을 떨쳤다.

그러나 그에게 대학에서의 지위를 가져다준 것은 이런 수학적 연구 성과가 아니라 celestial mechanics에 관한 업적이었다. 1801년 asteroid(소행성) Ceres(케레스)가 발견되자 이 별의 orbit determination(궤도 결정)이 문제로 대두되었는데, Gauss가 이를 계산해냄으로써 1807년에 University of Göttingen의 professor(교수) 겸 chair of astronomical observatory(천문대장)로 임명된 것이다.

Gauss의 연구는 대략 4기로 구분할 수 있다. 제1기는 asteroid의 orbit determination을 시작으로 celestial mechanics를 연구하던 1820년까지의 시기이다. 이때 그는 mathematics area(수학 분야)에서는 초기하급수의 연구 및 complex variable(복소변수)의 theory of functions(함수론)를 전개했다.

제2기는 geodesy에 관계한 시기로, 1821년에 하노버 정부와 네덜란드 정부가 진행한 측지사업의 학술고문으로서 surface theory(곡면론)를 검토하였다. 즉 curvature(곡률) 문제, conformal mapping(등각사상) 이론 등을 study(고찰)하였다. 이것은 differential geometry(미분기하학)로 향하는 first step(첫걸음)이었다. 한편 number theory의 영역에서도 4차의 상호법칙 연구를 시작으로 복소정수(複素整數)의 연구에 이르러 algebraic(대수적) number theory(정수론)를 창시하였다. 이 연구는 후에 Eisenstein(아이젠슈타인), Kummer(쿠머), Dedekind(데데킨트) 등에게 carry on(계승)되었다. 또 데이터 처리와 관련해 method of least squares(최소제곱법)를 academicize(이론화)하여

statistics(통계)에서 normal distribution(정규 분포, 가우스 분포)의 signifi-cance(의의)를 emphasize(강조)하였다.

제3기는 1830년부터 10년간으로, physics에서 큰 업적을 남겼다. Weber(베버)와의 협력 아래 terrestrial magnetism(지구자기)의 measure-ment(측정) 및 이론적 체계화에 성공하였고, Göttingen에 자기 관측소를 설립하고 magnetic recorder(자기 기록계)를 제작하였다. 또 system of absolute units(절대단위계)를 도입함으로써 electromagnetic(전자기학)의 기초를 닦는 데 contribute하였다. 이 밖에 telegraph(전신기)의 invention (발명)과 capillary phenomenon(모세관 현상)의 연구 등도 이 시기에 이룩한 성과이다.

끝으로 1840년경부터 만년에 이르는 제4기에는 오늘날의 위상해석학(位相解析學)인 위치해석학 및 complex variable의 function과 관련된 geometry를 연구하였다.

이렇듯 놀라운 업적을 많이 쌓은 덕에 Gauss는 '괴팅겐의 거인'으로 불린다.

Complex number의 기원

Complex number, 즉 imaginary number(허수)를 define하게 된 것은 real life(실생활)의 필요에 의해서가 아니라 순전히 algebraic(대수적)한 필요에 의해서였다. 바로 이러한 이유 때문에 imaginary number를 unfamiliar (낯설다)하고 hard-to-access(접근하기 어려운)한 수로 여기게 된 것이다. 다음의 식을 보자.

$x^2 = -1$

맨 처음에 수학자들은 위 formula(식)의 value(해)는 존재하지 않는다고 여겼다. 왜냐하면 그때까지 알고 있던 real number의 범위에서는 제곱해서 negative number가 나오는 것이 불가능했기 때문이었다. 그래서 위와 같은 식이 나오면 **value**가 존재하지 않는 것으로 여기고 **value** 구하기를 **give up**(포기)했다. 그러나 **abstract**(추상적)한 것을 다루는 **nature of mathematics**(수학의 특성)상 존재하지 않는 듯 여겨지는 수일지라도 이론의 **generalization**(일반화)이나 연관된 문제 해결을 위해서는 도입하고 **define** 해야만 했다. 그래서 제곱해서 2가 되는 수를 $\sqrt{2}$, $-\sqrt{2}$라고 정의하듯이, 제곱해서 -1이 되는 수를 $\sqrt{-1}$, $-\sqrt{-1}$로 나타내기로 했다. 이처럼 제곱해서 **negative number**가 되는 수는 우리가 알고 있던 기존의 수에 존재하지 않기 때문에, '만들어낸 수'라는 의미로 **imaginary number**(가상의 수)라고 이름 붙였다.

Imaginary number를 나타내는 i의 어원

Imaginary number를 나타내는 **sign**(기호) i는 1777년에 **Euler**(오일러)의 논문에서 처음으로 사용되었다. **Sign** i는 '아이'라고 읽는다. **Sign** i가 사용되기 이전에는 **Bombelli**(봄벨리)와 **Wessel**(베셀)이 각각 dm. 1, ε라는 **sign**을 사용했다. 그러다 1801년 독일의 수학자 **Gauss**가 **sign** i를 쓰면서 i를 보편적으로 **accept**(받아들이다)하게 되었다.

한편 어떤 수가 **complex number**임을 나타낼 때는 흔히 $a+bi$라고 쓰는데, 여기서 a는 **real part**(실수부)를, bi는 **imaginary part**(허수부)를 의미한다. 이 표기는 **Euler**가 도입했다.

Complex number를 plane 위의 한 점으로 표현한 Gauss

Complex number를 **plane**(평면) 위의 한 점으로 표현하는 방법은 **Gauss**가 처음으로 시도했다. **Plane** 위의 점 P에 **complex number**를 **correspond**(대응)시키면 **plane** 위의 점과 **complex number**가 **one-to-one correspondence**(일대일대응)를 하는데, 이와 같이 **complex number**를 **correspond**시켜 생각한 **plane**을 **complex number plane**(복소평면) 또는 **Gaussian plane**(가우스 평면)이라 한다.

좌표평면의 horizontal axis(가로축)는 x-axis(x축), vertical axis(세로축)는 y-axis(y축)라 하며 complex number plane에서는 horizontal axis를 실수축, vertical axis를 허수축이라고 한다. 즉 complex number $3+4i$를 plane에 나타내면 $(3, 4)$가 되는 것이다.

5

Function
함수

Function(함수)을 Bernoulli(베르누이)는 "variable(변수)의 function은 이 variable과 constant(상수)가 어떤 형식으로 구성된 양이다."라고 하였고, Euler(오일러)는 "어떤 양이 다른 것에 의존한다면 the former(전자)를 the latter(후자)의 function이라고 부른다."라고 하였으며, Cauchy(코시)는 "한 variable의 value(값)가 주어져서 다른 variable의 value도 정할 수 있을 때, 나머지 variable들을 그 independent variable(독립변수)의 function이라고 부른다."라고 define(정의)하였다.

basic concept

고등수학의 꽃
Function

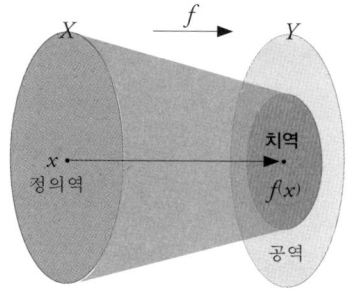

모든 사람들이 가장 기본적으로 알고 있는 function의 가장 일반적인 meaning(의미)은 주어진 실체가 하는 일, 즉 function(기능)이다. Function의 사전적 의미는 "variable(변수) x(domain, 정의역)와 y(codomain, 공역) 사이에 x의 값이 정해지면 y 값이 정해진다는 relationship(관계)이 있을 때, y는 x의 function이라고 한다."이다. 그리고 y의 값 중 correspond(대응)되는 y를 우리는 range(치역)라고 부른다.

Function은 중학교, 고등학교에서 배우는 수학에서 first step(첫걸음)이 되는 introductory level(입문 단계)이라고 할 수 있다. Function이라는 용어는 Leibniz(라이프니츠)와 Bernoulli의 correspondence(서신) 교환에서 등장하였고, Euler의 시대에 와서야 우리에게 익숙한 function으로 transform(변모)하였다.

그러나 우리는 function이라는 용어를 사용하기 이전부터 function이라는 concept(개념)을 indirectly(간접적)하게나마 느끼고 있었다. 결국 이러한 function의 개념은 mathematic necessity(수학적 필요성)에 의해 여러 단계의 변화를 거쳐 develop(발전)해왔다. 그 단계는 functional function(함수적 함수) 단계, geometric function(기하함수) 단계, algebraic function(대수함수)

단계, logical function(논리함수) 단계, set function(집합함수) 단계로 구분할 수 있다.

> **함수의 발전 단계**
> 함수적 함수 단계 ⇒ 기하함수 단계 ⇒ 대수함수 단계 ⇒ 논리함수 단계 ⇒ 집합 함수 단계

(1) Functional function 단계

Function은 ancient Babylonia(고대 바빌로니아)와 ancient Greek era(고대 그리스 시대)에 태양, 달, 행성 등 자연의 변화를 관찰하기 위해 function table(함수표) 등을 사용하였던 것을 그 origin(시발점)으로 보고 있다. Babylonian(바빌로니아 사람)들은 mathematical table(수표)을 사용해서 movement of heavenly body(천체 운동)를 서술하였고, 움직이는 heavenly body(천체)의 periodicity(주기성)를 관찰해 그 속도의 주기적인 변화를 고려하면서 그 경로의 사이사이를 직선으로 이어 나타내었는데, 이는 오늘날의 periodic function(주기함수)을 중첩해놓은 것이었다. 한편 Greek의 astronomer(천문학자)들은 spherical trigonometry(구면 삼각법)를 이용해 celestial sphere(천구) 위에서의 heavenly body의 위치를 찾았다. 그들이 movement of heavenly body를 관찰하고 그것을 시간의 function으로 해석하고 straight line(직선)이나 trigonometric function(삼각함수)으로 표현한 것은 function의 구성에 이르는 자연스러운 과정이었다. Linear function(일차함수), quadratic function(이차함수), cubic function(삼차함수)과 같은 기본적인 function의 기원은 Babylonia mathematics(바빌로니아 수학)까지 date back to(거슬러 올라가다)한다. 특히 linearly dependent(일차 종속)에 관한 Greek 용어는 proportion(비례)을 의미했는데, proportion을 중시하는 tradition(관습)은 Kepler(케플러)까지 계속되었다.

(2) Geometric function과 algebraic function

17세기에 이르러 function이 여러 가지 운동을 quantitatively(양적)하게 수학화하려는 것으로부터 geometric function 단계로 발전되었고, curve(곡선)와 관련해서 개념화되었기 때문에 많은 수학자들이 geometric function이라고 하였다. 18세기에는 equation(방정식)에서 parameter(매개변수)로 letter(문자)를 사용해 new algebra(새로운 대수학)에 기여한 Viète(비에트)의 theory(이론)와 Descartes(데카르트)의 analytic geometry(해석기하학)를 기초로 geometric function이 본격적으로 이루어졌다. 이는 Newton(뉴턴)의 변화와 운동의 flux(유량)와 flow rate(유율)에 관련되는데 flux는 continuously(연속적)하게 변화하는 양, flow rate은 flux의 순간적인 increase(증가) 또는 decrease(감소)를 의미한다.

즉 Newton은 function을 variable 사이의 관계로 보고 관계 자체는 equation으로 표현되는 것으로 생각했던 것이다. 이것이 바로 algebraic function 단계이다.

(3) Logical function과 set function

19세기 이후 function 개념은 더 이상 algebraic expression(대수식)에 관련된 것이 아니라, 다만 두 variable이 correspondence(대응)라는 logical condition(논리적 조건)에만 관련되어 있다는 의미로 generalize(보편화)되었다. 다시 말해 function에 대해 "A given interval(주어진 구간)에서 x의 각 값에 y의 유일한 값이 correspond할 때, y는 x의 function"이라는 보편적인 definition(정의)을 하였다는 것이다. 이를 한 variable의 각 값에 다른

variable의 유일한 값이 correspond되느냐 되지 않느냐의 logical condition에만 관심을 가지게 되었다고 하여 logical function 단계라고 한다. 그러나 그 이후로—logical function에 include(포함)시켜 생각해도 무방하지만—좀 더 strict(엄밀)한 의미의 공리론적 set을 기초로 function을 define함으로써 지금의 function의 의미에 가까워진 것이다.

이처럼 historically(역사적)하게 function 개념을 의식하고 다듬기까지는 오랜 시간이 걸렸고, 그 과정에서 function 개념은 dependency(종속성)에서 correspondence로, dynamic(동적)한 것에서 static(정적)한 것으로, systematic(규칙적)한 것에서 random(임의적)한 것으로 전환했다.

reading mathematics

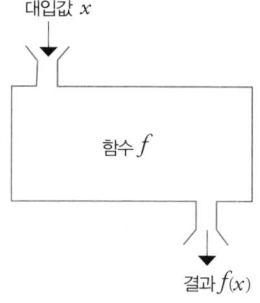

수학에서(In mathematics) 함수는 대입값을 결과에 관계시킨다. 그리고 대입값은 결과와 관계가 있다(is related to). 함수는 현대 수학의 대다수의 분야에서(in most fields of) '연구의 중심 주제'이다. 왜냐하면 함수는 굉장히 광범위하게 사용되어 그것의 활용을 둘러싸고(around) 많은 방식들이 발전되어왔기(grown up) 때문이다.

비공식적으로 함수는 대입값을 결과로 변환시키는 기계로 표현된다. 대입값은 보통 문자 x로(by the letter x) 표시되는데 그 대입값이 특정 시간이라면 문자 t로 표현된다. 결과는 보통 문자 y로 표현된다. 함수 자체는 보통 f로 불린다. 표기법 $y=f(x)$라는 표기는 f라는 함수가 x라는 대입값과 y라는 대입값을 가지고 있다는 것을 가리킨다. $f(x)$는 함수를 표기하는 전형적인 방법(the classic way)이다.

함수의 주요 3요소

$$f(x) = x^2$$
함수명　대입값　결과

함수 안에 들어가는(goes into) 값은 함수명 뒤 괄호 안으로 들어가 "f의 함수 x는 x의 제곱이다."라고 말하면 된다. 그러므로 $f(x)$는 함수가 'f'라고 불리고 'x'를 대입함을 보여준다.

그리고 함수가 대입값으로 무엇을 하는지 알 수 있다.

$f(x)=x^2$은 함수 'f'가 'x'를 취하여 x를 제곱한다는 것을 보여준다.

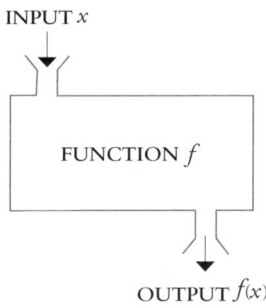

In mathematics, a function relates an input to an output. And the output is related to the input. Functions are "the central objects of investigation" in most fields of modern mathematics. Because functions are so widely used, many traditions have grown up around their use.

Informally, functions are often described as machines, which take an input and change it into an output. The input is often represented by the letter *x* or, if the input is a particular time, by the letter *t*. The output is often represented by the letter *y*. The function itself is often called *f*. The notation $y=f(x)$ indicates that a function named *f* has an input named *x* and an output named *y*. $f(x)$ is the classic way of writing a function.

Three main parts of function

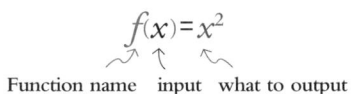

You would say "*f* of *x* equals *x* squared." what goes into the function is put inside parentheses $f(x)$ after the name of the function: So $f(x)$ shows you the function is called "*f*", and "*x*" goes in.

And you will often see what a function does with the input:

1. 대입값: 함수의 대입값은 보통 인수(argument)로 불린다.
2. 관계: 자료의 집합들(sets of information) 간의 관계
3. 결과: 모든 결과는 치역(range)이라고 부른다.

함수의 예

x^2(제곱)은 함수이다.

x^3+1 또한 함수이다.

사인, 코사인, 탄젠트는 삼각함수에서 사용되는 함수들이다.

순서쌍과 순서쌍 집합

함수의 대입값과 결과는 (4, 16)과 같은(such as) '순서쌍'으로(as) 표기할 수 있다. 항상 대입값이 먼저 오고 결과가 나중에 오므로 순서쌍(대입값, 결과)이라고 불린다.

그러므로 다음과 같이 보인다. $(x, f(x))$

예: (4, 16)는 함수가 '4'를 대입하여(takes) '16'이 나온다는(gives out) 의미이다.

그러면 함수는 순서쌍의 집합으로 정의될 수 있다.

예: {(2, 4), (3, 5), (7, 13)}은 "2는 4와 관계가 있다", "3은 5와 관계가 있다", "7은 13과 관계가 있다"는 함수이다.

순서쌍의 이점은, 순서쌍들이(they) 좌표이기도 하므로 그래프로 그릴 수 있다는 것이다.

양함수 vs. 음함수

'양함수'는 $y=x^3-3$에서와 같이 함수가 x로 y를 직접 구할 수 있도록 표현된 것이다.

$f(x)=x^2$ shows you that function "f" takes "x" and squares it.

1. The Input: The input to a function is often called the argument
2. The Relationship: The relation between sets of information
3. The Output: All the outputs are together called the range

Examples of functions

x^2 (squaring) is a function

x^3+1 is also a function

Sine, Cosine, and Tangent are functions used in Trigonometry

Ordered pairs & set of ordered pair

You can write the input and output of a function as an "ordered pair", such as (4, 16). They are called ordered pairs because the input always comes first, and the output second: (input, output)

So it looks like this: $(x, f(x))$

Example: (4, 16) means that the function takes in "4" and gives out "16."

A function can then be defined as a set of ordered pairs.

Example: {(2, 4), (3, 5), (7, 13)} is a function that says "2 is related to 4", "3 is related to 5" and "7 is related 13."

A benefit of ordered pairs is that we can graph them because they are also coordinates.

Explicit vs. implicit

"Explicit" is when the function shows you how to go directly

당신이 x를 알고 있다면 y를 구할 수 있다.

'음함수'는 $x^2-3xy+y^3=0$과 같이 그 방법이 직접적으로 주어지지 않는다. 당신이 x를 안다고 했을 때, 어떻게 y를 구할 것인가?

일대일대응 함수

함수에서(for a function) 답은 오직 하나이다. 함수는 정의역(대입값)에서 치역(결과)으로의 유일한 사상(寫像)이다. 어떤 대입값에 대한(for any input) 결과는 오직 하나이다. 하지만 동일한 결과를 주는 여러 대입값이(many inputs, which) 있을 수 있다($y=4+0 \times x$를 고려하라).

일대일대응 함수는 일반 함수보다 더 엄밀한 정의이다. 각 대입값은 한 대입값에 오직 한 결과가 정해질 뿐 아니라, 각 결과는 거꾸로 한 결과가 오직 한 대입값으로 정해진다.

독립변수와 종속변수

- 독립변수는 대입값이다 함수 자체와 관계 없이 독립변수를 뽑을 수 있다.
- 종속변수는 결과이다 종속변수는 함수와 대입값 선택(독립변수)에 종속된다.

이 용어들은 보통 $y=2x$와 같은(like) 간단한 수학 방정식의 문맥으로는(in the context of) 이해하기 어려울 수 있다. 어찌되었건 우리는 x에 대한 방정식을 풀 수 있으며 바라던 대로(if we wished) y를 종속변수라고 부를 수 있다. 왜냐하면 이것은 일대일대응 함수이기 때문이다. 하지만 그 용어는 실제 물리적 수량들 사이의 관계라는 문제의 일부로(as part of) 보았을 때(when) 더 잘 이해될 수 있다. 예를 들어 휘발유 한 탱크의 가격을 계산하고자 할 때, 총비용은 운전자가 자유롭게 선택하여 구매하는 갤런 수에 종속된다(be dependent on).

from x to y, such as: $y=x^3-3$

When you know x, you can find y

"Implicit" is when it is not given directly such as: $x^2-3xy+y^3=0$

When you know x, how do you find y?

One-to-one function

There can only be one possible answer for a function. A function is a unique mapping from the domain (the inputs) to the range (the outputs). There can only be one output for any input. There can, however, be many inputs, which give the same output (consider $y=4+0\times x$).

A one-to-one function has a stricter definition than a regular function. Not only does each input map to one and only one output, but each output maps back to one and only one input.

Independent and dependent variables

- Independent variables are the inputs we can pick them, so they're independent of the function itself.
- Dependent variables are the outputs they depend on the function and your selection of the inputs (independent variables).

Often these terms can be difficult to understand in the context of a simple math equation, like $y=2x$. After all, we could solve the equation for x and call it the dependent variable if we wished. That's because it's a one-to-one function. However, the terminology may make more sense when viewed as part of a

독립변수는 당신이 선택하는 값(대입값)이고 종속변수는 함수의 결과물 (결과 또는 답)이라는 것을 기억하라.

larger problem, especially one involving physical quantities. For instance, if we're calculating the price of a tank of gas, the total price would be dependent on the number of gallons purchased, which is independently chosen by the driver.

Just remember that the independent variable is the one you choose (the input)—the dependent variable is the result of the function (the output, or the answer).

problem solving

문제1 함수 $f : R \to R$ (R: 실수)를 $f(x) = \begin{cases} x \sin \frac{1}{x} & (x \neq 0 \text{일 때}) \\ 0 & (x = 0 \text{일 때}) \end{cases}$ 로 정의하자.

이때 $x=0$에서의 f의 연속성을 알아보자.

문제2 다음 정리를 이용하여 방정식 $x = \cos x$가 구간 $[0, \frac{\pi}{2}]$에서 해를 가짐을 보여라.

〈중간값 정리〉

> 함수 $f(x)$가 폐구간 $[a, b]$에서 연속이고, $f(a) \neq f(b)$일 때, $f(a)$와 $f(b)$ 사이의 임의의 실수 k에 대하여 $f(c) = k$인 c가 폐구간 $[a, b]$에 적어도 하나 존재한다.

➡ 문제풀이는 251쪽에

Example 1 Find continuity of f at $x=0$ where function $f : R \to R$ (R=real number) is defined as $f(x) = \begin{cases} x \sin \frac{1}{x} & (x \neq 0) \\ 0 & (x = 0) \end{cases}$

Example 2 Proof that an equation $x = \cos x$ has a solution at $[0, \frac{\pi}{2}]$ using following theorem.

⟨Intermediate-value theorem⟩

> If f is continuous on $[a, b]$ and k is between $f(a)$ and $f(b)$ then there exists a $c \in [a, b]$ such that $f(c) = k$.

rest in mathematics

Analytic geometry의 창시자 René Descartes

르네 데카르트(1596~1650)

Descartes는 프랑스의 philosopher(철학자), physicist(물리학자)이자 수학자이다. 근세사상의 기본 framework(틀)을 확립하여 modern philosophy(근세철학)의 father(시조)로 불린다.

그는 프랑스 중부의 bureaucratic nobility(관료귀족) 집안에서 태어나 생후 1년 만에 어머니와 사별했다. 10세 때 Society of Jesus(예수회)가 운영하는 collège la Flèche(라 플레쉬학원)에 입학해 philosophy(철학)를 배우고, 1618년 université de Poitiers(푸아티에대학)에 진학했다. 그러나 object(물체)에는 'weight(무게)'라는 실재적 성질이 있기 때문에 떨어진다고 설명하는 학교 수업에 만족하지 못하고 학교 밖으로 나온다.

그러다 네덜란드군에 입대했는데, 거기서 만난 수학자 Isaac Beeckman(이삭 베크만)을 통해 물리수학적 연구에 눈뜨게 되고 mechanistic nature view(기계론적 자연관)로 방향을 틀었다.

군에서 나온 뒤에는 various parts of Europe(유럽 각지)을 move around(전전)하다가 1625년 파리에 체류한다. 이때 optics(광학)를 연구해 snell's law of light(빛의 굴절법칙)을 발견한다. 1629년부터는 네덜란드에 머물렀는데 physica(자연학)를 포괄하는 《Le Traitéde la monde(우주론)》를 집필하였다. 그러나 이 책의 완성 직전에 Galileo(갈릴레오)의 news of being convicted(단죄 소식)를 듣고, 간행을 give up(단념)한다. 이 책의 주된 내용이 heliocentric theory(지동설)였기 때문이다.

그 뒤 《Discours de la méthode(방법서설, 方法敍說)》와 이를 서론으로 하는

《Dioptrics(굴절광학)》,《Meteorology(기상학)》,《Geometry(기하학)》와
《Meditationes de Prima Philosophia(성찰록)》,《Principia philosophiae(철학의 원리)》를 출간하였다. 이를 전후하여 Descartes의 사상은 세상의 spotlight(주목)를 받기 시작했다.

1650년 그는 스웨덴 여왕의 invitation(초청)을 받아 건너간 스톡홀름에서 pneumonia(폐렴)에 걸려 생을 마쳤다.

Function을 나타내는 $f(x)$

x를 independent variable로 하는 function을 나타낼 때는 흔히 sign(기호) $f(x)$를 사용한다. 이 sign은 스위스의 수학자 Euler가 1734년에 처음으로 사용하였다. 이 sign에서 'f'는 함수를 의미하는 라틴어 functiones(영어로는 function)의 첫 글자로 추정된다. 그리고 '함수'라는 term(용어)은 function의 중국어 음역인 函數를 다시 한국어로 음역한 것으로 알려져 있다.

Function의 sign으로 $f(x)$가 정착되기 전까지는 다양한 sign이 사용되었는데, Johann Bernoulli(요한 베르누이)는 문자 n 또는 그리스 알파벳의 하나인 xi(크시), 즉 ξ를 사용했고, Jakob Bernoulli(자코브 베르누이)는 문자 p와 q를 사용했다. 또 Clairaut(클레로)는 parenthesis(괄호)가 없는 Πx, Φx, 또는 Δx를 사용했다.

Descartes와 미지수 x

Equation이나 inequality(부등식)에서 unknown quantity(미지수)는 문자 x를 사용하여 $2x-5=0$, $4x+8>0$와 같이 나타낸다. Unknown quantity를 나타내는 문자 x는 1637년에 Descartes가 처음 사용하였다. 독일 사람들이

unknown quantity를 나타내기 위해 사용한 sign(기호)의 모양이 x와 similar(유사)한데 Descartes가 그것에 착안해 x를 사용했다는 argument(주장)가 있다. 이 기호는 root(뿌리)를 나타내는 독일어 radix의 r과 x를 합쳐서 만든 것으로 알려져 있다. 그러나 이러한 argument보다는, Descartes가 기지수, 즉 미리 알고 있는 숫자를 나타낼 때는 a, b, c를 사용하고 unknown quantity를 나타낼 때는 x, y, z를 사용했다는 argument가 훨씬 더 convincing(설득력 있다)한 것으로 받아들여지고 있다.

 y나 z보다 x가 특히 더 많이 사용되고 있는 이유에 대해서도 여러 argument들이 있다. 먼저 Descartes의 원고를 조판하던 typesetter(식자공)에게 y printing type(활자)이나 z printing type보다 x printing type이 더 많이 남아 있어서 Descartes의 approval(허락)을 받아 unknown quantity를 x printing type으로 조판했기 때문에 x가 주로 사용되었다는 argument가 있다. 또 x를 중세 시대에 unknown quantity를 나타냈던 아랍어 shei의 음역인 xei의 첫 글자로 보는 견해도 있다. 이 외에도 몇 가지 argument가 더 있으나 모두 정설로 보기 어렵다.

Descartes, 우연히 좌표 평면을 발명하다

 Coordinates(좌표)라고 부르는 a pair(한 쌍)의 수로 plane(평면) 위의 점을 나타낼 수 있다. 이 점들이 움직일 때 생기는 curve(곡선) 위의 모든 점은 equation $f(x, y)=0$으로 나타낸다. 이렇게 점을 coordinates로 나타내고, figure(도형)를 formula(식)로 나타내는 것을 analytic geometry라고 하는데, analytic geometry를 처음으로 수학에 도입한 이가 바로 Descartes이다.

 그의 나이 스물두 살 때 우연히 발명한 좌표 평면이 시작이었다. 그가 군대에 있을 때였다. 평소처럼 침대에 누워 meditation(명상)을 하다가 ceiling(천장)에 붙어 있는 파리 한 마리를 발견했다. 그는 파리를 쳐다보면서 파리의 위치를 나타낼 logical way(논리적인 방법)가 없을까 생각했다. 그러다가 떠올린

것이 coordinates의 개념이다.

그런데 ceiling에 있는 파리는 fixed(고정)되어 있는 것이 아니라 끊임없이 움직이고 있었다. 파리가 움직이면 x의 값이 변하면서 y의 값도 따라서 변했다. 만약 파리가 x-axis, y-axis이 만든 right angle(직각)의 bisector(이등분선)을 그리면서 움직인다면 이 straight line(직선)

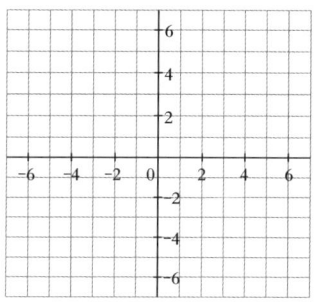

은 $y=x$라는 formula로 간단히 나타낼 수 있게 되는 것이다. Straight line뿐만 아니라 circle(원), ellipse(타원), hyperbola(쌍곡선)와 같은 geometrical figure도 모두 formula로 나타낼 수 있었다.

한발 더 나아가 Descartes는 coordinates에서 negative number에 대한 concept을 specify(구체화)하고, negative number를 coordinates에 나타냄으로써 geometry를 크게 발전시켰다.

Mobile phone rate system을 현명하게 선택하려면?

요즘은 온 가족이 mobile phone을 갖고 있다 보니 financial burden(경제적인 부담)이 만만치 않다. 4인 가족의 경우, family members(식구들)의 mobile phone rate(휴대폰 요금)이 20만 원을 훌쩍 넘어버리는 일이 흔하다. Membership fee(가입비)를 포함하여 mobile phone 값도 만만치 않지만, 아무리 save(절약)하려 해도 save할 수 없는 것이 mobile phone rate(통신 요금)이다. 어느 가정에서는 자녀가 cell phone으로 game(게임)을 하면서 한 달에 90만 원이 넘는 돈을 날리기도 했다.

요금제는 무난하게 standard rate(표준요금)을 선택해도 괜찮지만, mobile phone rate을 줄이고자 한다면 여러 가지 요금제를 비교할 필요가 있다. 모 telecommunication company(통신회사)의 mobile phone rate system(휴대폰 요금제) 중 몇 가지를 알아보자.

요금제	기본 요금(원)	10초당 요금(원)	기타
A	11000	23	
B	13000	16	
C	13000	18	no charge call(무료 통화) 월 10분 midnight discount benefits (심야 할인 혜택) 10원

물론 실제 요금제는 위의 표처럼 단순하지 않다. 단문 메시지 몇 건을 free of charge(무료)로 제공하기도 하고, 동일 회사 고객 간에는 할인을 해주기도 해서 아주 complicate(복잡)하다. 더군다나 요즘에는 smartphone(스마트폰)의 합류로 application(애플리케이션)을 통한 무료 통화와 text message(문자)가 overheat(판을 치다)했기 때문에 더 계산하기가 복잡하다. 하지만 한 번쯤은 누구나 생각해봤을 rate system compare(비교)해보자.

먼저 A와 B를 compare해보면, 10초를 한 단위로 하여 x단위를 통화할 때의 rate은 각각 다음과 같다.

A요금제 : $11000+23 \times x$
B요금제 : $13000+16 \times x$

이 두 rate이 같아진다면 $11000+23 \times x = 13000+16 \times x$라고 수식을 쓸 수 있다.

이 equation을 풀면 $x=285.7$이 된다. 그러므로 2850초, 즉 한 달에 47분 30초, 따라서 하루에 1분 35초 정도 사용할 때 두 rate이 같아진다. 그러므로 그 이상 통화하는 사람은 B rate system을 choose(선택)하는 것이 더 유리하다.

C rate system에는 midnight discount benefits가 있기 때문에 주로 midnight에 전화를 사용하는 사람은 이 rate system이 유리하다. 그러나 simplify(단순화)시켜서 reduced rates(할인 요금)는 생각하지 않고 10분 no charge call 혜택만 가지고 B rate system과 C rate system을 compare해 보자.

B rate system에서 처음 10분 동안 통화를 한다면, 10분은 60분 단위이므로 60×16=960(원)의 rate을 더 내야 한다. 그러므로 매달 10분 이내의 통화를 하는 사람은 C rate system이 유리하다. 이제 10분을 exceed(초과)하여 통화한 단위를 x라 하고 rate을 compare해보자.

B요금제 : $13000+960+16\times x$
C요금제 : $13000+18\times x$

두 rate이 같아질 때는 $x=480$이 나오게 되고 한 달에 480 unit, 즉 80분을 더 사용한다면 한 달 talk time(통화 시간) 90분이 되므로 두 rate이 같아지는 것이다. 그러므로 averagely(평균적)하게 하루에 3분 이상 통화한다면 C rate system보다 B rate system이 더 유리하다. 물론 midnight discount benefits를 properly(적절)하게 use(활용)한다면 C rate system이 더 유리할 수도 있다.

이와 같이 우리가 실제 생활에서 wise(현명)하고 economic(경제적)한 judgment(판단)를 하는 데 equation은 많은 도움을 준다. 사실 요즘의 mobile phone rate system의 비교에는 많은 restriction(제약)이 존재하지만 어느 정도는 mobile phone rates를 아끼는 데 도움이 될 것이다.

Climbing a ladder

우리 생활에서 one-to-one correspondence가 되는 경우는 climbing a ladder(사다리 타기) 게임에서 찾아볼 수 있다. 짝을 정하거나 순번을 정하고 tagger(술래)를 정할 때 이용하는 fair(공평)한 way(방법) 중 하나인데 이 way가 the ages and in all countries of the world(동서고금)를 막론하고 widely(널리)하게 use(사용)되는 이유는 절대로 overlap(중복)되거나 miss(누락)되는 일 없

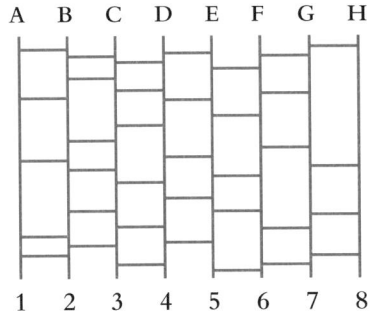

이 항상 기가 막히게 하나의 element(원소)가 다른 하나의 element에 correspond하기 때문이다. 또 누구와 짝이 될지 얼른 보아서는 알 수 없다는 것도 한 이유다.

Climbing a ladder를 할 때 지켜야 할 condition(조건)이 몇 개 있다.

첫째, horizontal line(가로선)은 옆 칸의 horizontal line과 alongside(나란)하게 cross(긋다)할 수 없다.

둘째, crossroads(갈림길)를 만나면 반드시 꺾어 가야 한다.

셋째, starting point(시작점)에서 출발하여 vertical line(세로선)으로는 one direction(한 방향)으로만 가야 한다.

넷째, 한 번 지나간 길을 return(되돌아오다)할 수 없다.

그런데 climbing a ladder를 하다 보면 '한 번 나온 결과가 중복되어 또 나오지 않을까?' 하는 question(의문)이 arise(생기다)한다. 그러나 중복되어 나오는 경우는 없다.

아무렇게나 ladder(사다리)를 만들어보자. 하나의 ladder를 타고 내려오다가 horizontal line을 만나게 되면 aside(옆으로)로 move(이동)한다. 이동해서 내려가다가 또 다른 horizontal line을 만나면 이번에도 역시 transfer(갈아타다)한다. Ladder의 starting point가 다른 만큼 다른 높이의 horizontal line을 만나거나 아니면 같은 높이의 horizontal line을 만나도 서로 다른 ladder로 이동하게 되므로 중복되는 경우는 없다.

6

Matrix
행렬

"세 가지 종류의 corn(옥수수) 다발이 있다. First type(첫 번째 유형) 3다발, second type(두 번째 유형) 2다발, third type(세 번째 유형) 1다발을 모으면 corn은 total(총) 29개가 된다. First type 2다발, second type 3다발, third type 1다발을 모으면 corn은 total 34개가 된다. 그리고 first type 1다발, second type 2다발, third type 3다발의 경우엔 corn이 total 26개가 된다. 이때 각 type의 corn 1다발에 속해 있는 corn의 개수는 얼마인가?"
— 《구장산술》에서

basic concept

연립방정식의 혁명
Matrix

《구장산술》은 BC 1세기 무렵에 쓰인, author(저자)도 알려지지 않은 책으로 서민의 daily life(일상생활)나 social life(사회생활)에 필요한 mathematical calculation(수학적 계산법)을 정리한 math book(수학책)이라고 할 수 있다. 이 책은 여러 가지 유형의 수학 문제를 담고 있는데, simultaneous equation(연립방정식) 문제와 그 how to solve problems(문제 풀이)도 있다.

Matrix(행렬)는 바로 simultaneous equation과 그 풀이 과정에 숨어 있다. 여러 math book을 찾아보면 real life(실생활)에서 일어날 수 있는 complex form(복잡한 형태)의 문제를 해결하는 방법으로 예부터 동양과 서양이 모두 matrix를 이용한 것을 알 수 있다. Matrix가 appear(출현)하게 된 것은 여러 개의 조건과 unknown quantity(미지수)로 이루어진 formula(식)들의 common root(공통근)를 find(구하다)하는 데 그것이 landmark(획기적)한 역할을 했기 때문이다.

Matrix를 express(표현)하는 방법은 하나의 set(집합)에 row(행)와 column(열)을 기준으로 여러 개의 element(원소)를 나열하여 각 element의 row와 column의 위치를 알 수 있도록 표기하는 것이다. 앞에는 row의 번호, 뒤에는 column의 번호를 기입하는 way(방식)로 각각의 unknown quantity를 specify(지정)하기 때문에 여러 개의 unknown quantity가 있더라도 위치만 알면 그 unknown quantity가 무엇을 의미하는지 쉽게 figure out(파악)할 수 있다. 이러한 matrix의 약속이 simultaneous equation을 쉽게 solve(풀다)할 수 있도록 해준다.

$$m \times n \text{ 행렬}$$

$$A = \begin{bmatrix} a_{11} & a_{12} & \cdots & a_{1f} & \cdots & a_{1n} \\ a_{21} & a_{22} & \cdots & a_{2f} & \cdots & a_{2n} \\ a_{i1} & a_{i2} & \cdots & a_{if} & \cdots & a_{in} \\ a_{m1} & a_{m2} & \cdots & a_{mf} & \cdots & a_{mn} \end{bmatrix} \text{row}$$

column

* Matrix를 표현하는 방법: small letter(소문자)는 element, capital letter(대문자)는 matrix를 나타낸다.

 오늘날에도 matrix는 수학뿐 아니라 physical phenomenon(물리적 현상)을 explain(설명)하는 부분에서 여러 variable(변수)의 문제를 해결하는 데 반드시 필요한 calculation(연산) 체제이다. 특히 quantum mechanics(양자역학)과 같은 아주 미세한 approximate value(근삿값)를 구하는 데 matrix는 indispensable(없어서는 안 될)한 존재이다.

 한편 matrix는 우리가 생각한 것보다 많은 field(분야)에서 사용되고 있다. 가장 대표적인 예로 학생들이 사용하는 lesson schedule(강의 시간표)을 들 수 있다. 또 airport(공항)나 train station(기차역)에서 사용되는 departure(출발)와 arrival(도착)을 알려주는 schedule 등 우리 사회 곳곳에서 matrix의 쓰임을 볼 수 있다.

 하지만 이보다 더 중요한 분야에서 사용되는 example(예)로, university(대학)에서 배우는 linear algebra(선형대수학)를 들 수 있다. 이것은 optimization system(최적화 시스템)이라고도 하는데, 흔히들 기업에서 maximum profit(최대 이윤)을 내기 위해 도입하는 것으로 경영에 필요한 여러 자료들을 하나의 차트 형식으로 나타낸 후 여러 개의 values of variable(변수값)을 찾아내 가장 효율

비행기 시간표

```
DESTINATION           TIME   STATUS
NEW YORK              1200   LAST CALL
CHICAGO               1205   LAST CALL
WASHINGTON            1210   BOARDING
LOS ANGELES           1210   BOARDING
BOSTON                1215   DELAYED
SAN FRANCISCO         1220   BOARDING
ORLANDO               1325   DELAYED
```

적인 자료값을 얻기 위해 matrix를 이용하는 방법이다.

또 우리에게 조금은 unfamiliar(생소)한 cryptology(암호학) 분야에서도 matrix가 사용된다. Cipher(암호)라고 하면 대부분 Morse code(모스 부호)를 떠올린다. 하지만 이보다 더 complex(복잡)한 form(형태)으로 Hill Cipher(힐 암호)가 있다. 간단한 matrix의 multiplication(곱셈)과 inverse matrix(역행렬)를 통해 서로 주고받는 내용을 숨길 수 있는 cipher이다. 간단히 설명하자면 각각의 alphabet(알파벳)에 약속된 number를 정해놓고 number들을 matrix의 형태로 표현하여 상대방에게 전달하면, 상대방은 matrix의 inverse matrix를 find한 후 약속된 number와의 calculation을 통해 number를 word(단어)로 convert(전환)하여 원하는 information(정보)을 얻는 것이다.

키값

$$K = \begin{vmatrix} 17 & 17 & 5 \\ 21 & 18 & 21 \\ 2 & 2 & 19 \end{vmatrix}$$

pay에서 p는 15, a는 0, y는 24로 바꾼다.

$$P = \begin{vmatrix} 15 \\ 0 \\ 24 \end{vmatrix}$$

영문자를 숫자로 (a~z)=(0~25) 변환

* Hill cipher를 나타내는 방식

Information-oriented society(정보화 사회)에서 information의 importance(중요성)는 두말할 필요가 없다. Important(중요)한 information을 others(타인)가 알아볼 수 없게 만들어내는 작업이 바로 cryptology의 beginning(시작)이라 할 수 있다.

reading mathematics

　　　　행렬은 직사각형 형태로 목록화된 숫자들의 정돈된 집합 또는 직사각형 배열을 형성하기 위해(so as to) 행과 열로(in rows and columns) 정리된 숫자들의 집합이다.
　행렬은 엔지니어링, 물리, 경제, 통계와 수학의 다양한 분야에 많이 적용된다.
　행렬은 다음을 포함하는 많은 문제 유형들의 접근에도 이론 및 실질적으로 도움이 된다.

- 선형방정식 체계의 해법
- 강체의 균형 (물리)
- 그래프 이론
- 게임 이론
- 레온티에프의 경제 모델
- 산림 경영
- 컴퓨터 그래픽과 컴퓨터 단층 촬영법
- 유전학
- 암호 작성법

고전적인 암호판인 크립텍스. 행렬은 암호 작성과 해독에도 사용된다.

A matrix is an ordered set of numbers that are listed in a rectangular form or a set of numbers that are arranged in rows and columns so as to form a rectangular array.

Matrices have many applications in engineering, physics, economics, and statistics as well as in various branches of mathematics.

Matrices are also theoretically and practically useful in approaching many types of problems including:

- Solution of Systems of Linear Equations
- Equilibrium of Rigid Bodies (in physics)
- Graph Theory
- Game Theory
- Leontief Economics Model
- Forest Management
- Computer Graphics, and Computed Tomography
- Genetics
- Cryptography
- Electrical Networks
- Fractals

The term matrix was introduced in the 19th century by an English mathematician named James Sylvester. However, his friend, another mathematician named Arthur Cayley was the one who developed the algebraic aspect of matrices. Cayley first

- 전기회로
- 프랙탈

행렬 용어는 영국 수학자 제임스 실베스터에 의해 19세기에 소개되었다. 하지만 그의 친구인 수학자 아서 케일리가 행렬의 대수학적인 면을 발전시켰다. 케일리는 지금도 매우 유용한 연립일차방정식 연구에 처음 행렬을 적용하였다.

그것들은, 케일리가 인식했듯이, 행렬의 특정한 집합은 대수 체계를 형성하기 때문에 또한 중요하다. 이러한 집합에서(In these sets) 결합 및 분배 법칙과 같은(such as) 많은 일반적인 산술 법칙들은 유효하나 다른 경우에(in other cases), 교환 법칙과 같은 다른 법칙들은 유효하지 않다.

행렬에서 m행과 n열이 있다면 행렬은 "m by n" 행렬이라고 불리며 "$m \times n$"이라고 쓴다. 예를 들어

$$\begin{bmatrix} 1 & 3 & 8 \\ 2 & -4 & 5 \end{bmatrix}$$

이것은 2×3 행렬이다. n행과 n열으로 이루어진(with) 행렬은 n차의 정사각행렬이라고 한다. 일반적인 수가 1×1 행렬로 간주될(be regarded as) 수 있다. 따라서 5는 행렬 [5]라고 생각될(be thought of) 수 있다.

일반적인 표기법에서 대문자는 행렬을 나타내고(denotes) 두 개의 첨자와 부합하는 소문자는 행렬의 원소를 표현한다(describes). 그러므로 A_{mk}는 행렬 A의 m번째 행, k번째 열의 원소이다. 만약 A가 위에 보이는 2×3 행렬이라면 $a_{11}=1$, $a_{12}=3$, $a_{13}=8$, $a_{21}=2$, $a_{22}=-4$, $a_{23}=5$이다. 조건에 따라 행렬을 더하거나 곱할 수 있으며 이 성질로 행렬대수라는 중요한 수학적 체계가 나온다.

행렬은 연립방정식에서 자연스럽게 발생한다. 미지수 x와 y(the unknowns x and y)에 대한 다음의 연립방정식에서

applied matrices to the study of systems of linear equations, where they are still very useful.

They are also important because, as Cayley recognized, certain sets of matrices form algebraic systems. In these sets many of the ordinary laws of arithmetic such as the associative and distributive laws are valid, but in other cases, other laws such as the commutative law are not valid.

In a matrix, if there are m rows and n columns, the matrix is said to be an "m by n" matrix, written "$m \times n$." For example,

$$\begin{bmatrix} 1 & 3 & 8 \\ 2 & -4 & 5 \end{bmatrix}$$

this is a 2×3 matrix. A matrix with n rows and n columns is called a square matrix of order n. An ordinary number can be regarded as a 1×1 matrix; thus, 5 can be thought of as the matrix [5].

In a common notation, a capital letter denotes a matrix, and the corresponding small letter with a double subscript describes an element of the matrix. Therefore, A_{mk} is the element in the mth row and kth column of the matrix A. If A is the 2×3 matrix shown above, then $a_{11}=1$, $a_{12}=3$, $a_{13}=8$, $a_{21}=2$, $a_{22}=-4$, $a_{23}=5$. In specific conditions, matrices can be added and multiplied as individual entities, giving rise to important mathematical systems known as matrix algebra.

Matrices occur naturally in systems of simultaneous equations. In the following system for the unknowns x and y,

$2x+3y=7$
$3x+4y=10$

$2x+3y=7$

$3x+4y=10$

수의 배열 $\begin{bmatrix} 2 & 3 \\ 3 & 4 \end{bmatrix}$은 원소들이 미지수의 계수(coefficients)인 행렬이다. 방정식의 해는 전적으로 이 특정한 수와 특정한 배열에 좌우된다(depends on). 다른 말로, 3과 4가 교환된다면 해는 달라진다.

행렬은 또한 스칼라(방향을 가지고 있지 않고 크기만 있는 물리량)라고 불리는 일반 수로 곱해질 수 있다.

변환행렬

$[x^2 \ y^2 \ z^2 \ 1] = [x \ y \ z \ 1] \cdot \begin{bmatrix} 1 & 0 & 0 & 0 \\ 0 & 1 & 0 & 0 \\ 0 & 0 & 1 & 0 \\ T_x & T_y & T_z & 1 \end{bmatrix}$

단위행렬

$[x \ y \ z \ 1] \cdot \begin{bmatrix} 1 & 0 & 0 & 0 \\ 0 & 1 & 0 & 0 \\ 0 & 0 & 1 & 0 \\ 0 & 0 & 0 & 1 \end{bmatrix}$

스칼라행렬

$[x^2 \ y^2 \ z^2 \ 1] = [x \ y \ z \ 1] \cdot \begin{bmatrix} S_x & 0 & 0 & 0 \\ 0 & S_y & 0 & 0 \\ 0 & 0 & S_z & 0 \\ 0 & 0 & 0 & 1 \end{bmatrix}$

회전행렬

$R_x = \begin{bmatrix} 1 & 0 & 0 & 0 \\ 0 & \cos\theta & \sin\theta & 0 \\ 0 & -\sin\theta & \cos\theta & 0 \\ 0 & 0 & 0 & 1 \end{bmatrix}$
$R_y = \begin{bmatrix} \cos\theta & 0 & -\sin\theta & 0 \\ 0 & 1 & 0 & 0 \\ \sin\theta & 0 & \cos\theta & 0 \\ 0 & 0 & 0 & 1 \end{bmatrix}$
$R_z = \begin{bmatrix} \cos\theta & \sin\theta & 0 & 0 \\ -\sin\theta & \cos\theta & 0 & 0 \\ 0 & 0 & 1 & 0 \\ 0 & 0 & 0 & 1 \end{bmatrix}$

역사상 행렬식이라 불리는 수의 정사각형 배열과 관련된(associated with) 특정한 수가 최초로 알려졌다. 단기간에 대수적인 독립체로서의 행렬 개념이 나타났다.

선형대수학에서 행렬식은 정사각행렬과 관련된 값이다.

예를 들어 행렬 $\begin{bmatrix} a & b & c \\ d & e & f \\ g & h & i \end{bmatrix}$의 행렬식은 $\begin{vmatrix} a & b & c \\ d & e & f \\ g & h & i \end{vmatrix}$로 쓰고,

$aei+bfg+cdh-ceg-bdi-afh$로 쓰는 값을 가진다.

the array of numbers $\begin{bmatrix} 2 & 3 \\ 3 & 4 \end{bmatrix}$ is a matrix where its elements are the coefficients of the unknowns. The solution of the equations totally depends on these specific numbers and on their specific arrangement. In other words, if 3 and 4 were interchanged, the solution would not be the same.

A matrix can also be multiplied by an ordinary number which is called a scalar.

Translation Matrix

$$[x^2\ y^2\ z^2\ 1] = [x\ y\ z\ 1] \cdot \begin{bmatrix} 1 & 0 & 0 & 0 \\ 0 & 1 & 0 & 0 \\ 0 & 0 & 1 & 0 \\ T_x & T_y & T_z & 1 \end{bmatrix}$$

Identity Matrix

$$[x\ y\ z\ 1] \cdot \begin{bmatrix} 1 & 0 & 0 & 0 \\ 0 & 1 & 0 & 0 \\ 0 & 0 & 1 & 0 \\ 0 & 0 & 0 & 1 \end{bmatrix}$$

Scaling Matrix

$$[x^2\ y^2\ z^2\ 1] = [x\ y\ z\ 1] \cdot \begin{bmatrix} S_x & 0 & 0 & 0 \\ 0 & S_y & 0 & 0 \\ 0 & 0 & S_z & 0 \\ 0 & 0 & 0 & 1 \end{bmatrix}$$

Rotation Matrices

$$R_x = \begin{bmatrix} 1 & 0 & 0 & 0 \\ 0 & \cos\theta & \sin\theta & 0 \\ 0 & -\sin\theta & \cos\theta & 0 \\ 0 & 0 & 0 & 1 \end{bmatrix} \quad R_y = \begin{bmatrix} \cos\theta & 0 & -\sin\theta & 0 \\ 0 & 1 & 0 & 0 \\ \sin\theta & 0 & \cos\theta & 0 \\ 0 & 0 & 0 & 1 \end{bmatrix} \quad R_z = \begin{bmatrix} \cos\theta & \sin\theta & 0 & 0 \\ -\sin\theta & \cos\theta & 0 & 0 \\ 0 & 0 & 1 & 0 \\ 0 & 0 & 0 & 1 \end{bmatrix}$$

Historically, a certain number associated with a square array of numbers called the determinant was first recognized. Only over a period of time did the idea of the matrix as an algebraic entity emerge.

In linear algebra, the determinant is a value associated with a square matrix.

For instance, the determinant of the matrix

$$A = \begin{bmatrix} a_{00} & 0 & 0 & 0 & 0 \\ a_{10} & a_{11} & 0 & 0 & 0 \\ a_{20} & a_{21} & a_{22} & 0 & 0 \\ a_{30} & a_{31} & a_{32} & a_{33} & 0 \\ a_{40} & a_{41} & a_{42} & a_{43} & a_{44} \end{bmatrix}$$

5×5 하삼각행렬의 예

행렬과 관련된 다른 용어는 가우스 소거법이다. 이것은 연립일차방정식의 해법을 위한 계산과학의 처리기(workhorse)로 간주된다. 19세기 수학자 카를 프리드리히 가우스는 특정 정리의 증명의 일부로써 이 소거법을 제시하였다. 계산과학자들은 오늘날 이 '증명'을 직접적인 계산 방법으로(as) 사용한다.

가우스 소거법은 상삼각행렬로 체계를 전환시키기 위해 연립일차방정식에서 기본적인 행 연산을 체계적으로 적용한 것이다. 계수 행렬이 상삼각행렬이라면(Once) 하삼각행렬(back substitution: lower triangular matrix)이 해법을 찾기 위해 사용된다.

가우스 소거법의 일반적인 순서는 다음의 절차로 요약될 수 있다.

첫째, 연립일차방정식에 대해(for) 확대 행렬을 쓴다(write out).

다음으로, A를 상삼각행렬로 변형시키기 위해 확대 행렬 $[A|b]$의 기본 행 연산을 사용한다. 만약 0이 대각선에 위치한다면 그 위치에 0 이외의 것이 올 때까지 열을 바꾼다. 만약 그렇게 할 수 없다면, 멈춘다. 이것은 체계가 무한이거나 답이 없다는 것을 의미한다!

마지막으로, 문제의 답을 찾기 위해 하삼각행렬을 이용한다.

$\begin{bmatrix} a & b & c \\ d & e & f \\ g & h & i \end{bmatrix}$ is $\begin{vmatrix} a & b & c \\ d & e & f \\ g & h & i \end{vmatrix}$ written and has the value $aei+bfg+cdh-ceg-bdi-afh$ is written.

Another term associated with matrices is Gaussian Elimination. This is considered the workhorse of computational science for the solution of a system of linear equations. Karl Friedrich Gauss, a 19th century mathematician, suggested this elimination method as a part of his proof of a particular theorem. Computational scientists now use this "proof" as a direct computational method.

Gaussian Elimination is a systematic application of elementary row operations on a system of linear equations in order to convert the system to an upper triangular form. Once the coefficient matrix is in upper triangular form, back substitution is used to find a solution.

The general procedure for Gaussian Elimination can be summarized using the following steps:

First, write out the augmented matrix for the system of linear equations.

Next, use elementary row operations on the augmented matrix [A|b] to transform A into upper triangular form. If a zero is located on the diagonal, switch the rows until a nonzero is in that place. If you are unable to do so, STOP. This would mean that the system has either infinite or no solutions!

Finally, use back substitution to find the solution of the problem.

problem solving

문제1 연립방정식 $\begin{cases} 2x+y=4 \\ x+2y=5 \end{cases}$ 의 해를 구하시오.

문제2 P, Q 두 개의 물통에 물이 들어 있다. 먼저 Q물통에 있는 물의 $\frac{2}{3}$를 P로 옮긴 후 P물통에 있는 물의 반을 Q로 옮겼다. 이때 처음에 들어 있던 P물통의 물의 양을 x, Q물통의 물의 양을 y, 시행이 끝나고 나서 P물통의 물의 양을 X, Q물통의 물의 양을 Y라고 할 때 X, Y를 구하는 연립방정식의 행렬을 구하라.

또 $\begin{pmatrix} X \\ Y \end{pmatrix} = A \begin{pmatrix} x \\ y \end{pmatrix} = k \begin{pmatrix} x \\ y \end{pmatrix}$를 만족하는 식에서 0이 아닌 x, y가 존재한다고 할 때, 상수 k의 값을 구하는 과정을 서술하라.

➜ 문제풀이는 252쪽에

Example 1 $\begin{cases} 2x+y=4 \\ x+2y=5 \end{cases}$ Find the value of simultaneous equation.

Example 2 Two buckets of P and Q have water in them. First, after two-thirds of the amount of water in Q bucket had been moved to P bucket, half the amount of water in P bucket was moved to Q bucket. At this point suppose the amount of water contained at first in P bucket is x and the amount of water in Q bucket is y. After executing, when the amount of water in P bucket is called X, and the amount of water in Q bucket is called Y, find the matrix of simultaneous equation finding X, Y.

Also, in the formula satisfying $\binom{X}{Y}=A\binom{x}{y}=k\binom{x}{y}$, when there are x, y not 0, describe the process of finding the value of k, constant.

rest in mathematics

수학 친구 James Sylvester(제임스 실베스터)와 Arthur Cayley(아서 케일리)

제임스 실베스터(1814~1897)

Sylvester는 1814년 영국 런던의 Jewish family(유대인 가정)에서 태어났다. 유대인 학교를 graduate(졸업)하고, 14세 때 University College London(유니버시티 칼리지 런던)을 몇 달 다녔는데, 이때 Augustus de Morgan(오거스터스 드모르간)에게 배우기도 했다. 1831년에는 Cambridge(케임브리지)의 St. John's College(세인트존스 칼리지)에 입학해서 공부했다. 그러나 problem of religion(종교 문제)으로 graduate할 수는 없었다.

De Morgan으로부터 수학적 aptitude(재능)를 인정받아 1838년 University College London의 natural philosophy professor(자연철학 교수)가 됐고, 1841년에는 더블린의 Trinity College(트리니티대학)에서 Bachelor of Arts(문학사)의 Master's degree(석사 학위)를 취득한 후 미국 University of Virginia(버지니아대학)의 professor가 되었다. 하지만 몇 년 지나지 않아 영국으로 돌아왔다. 1845년 London law school(런던법학원)에 들어가 공부하고 런던에서 lawyer(변호사)로 개업했다. London law school 시절 그는 Cayley를 만났으며 이후 그와 함께 joint research(공동 연구)를 하여 linear algebra를 확립하고 불변론을 연구했다.

1855년에는 lawyer를 그만두고 Military Academy(육군사관학교)에서 instructor(교관)로 일하다가, regular retirement(정년퇴직)를 한 뒤 시를 짓는 writer(작가)가 되었다. 1876년에 미국으로 건너가 Johns Hopkins University(존스홉킨스대학)의 professor가 됐고, 1883년에 다시 영국으로 돌아와 University of Oxford(옥스퍼드대학)의 geometry professor가 됐다.

한때 그는 means of living(생계 수단)으로 math tutor(수학 개인 교습)를 한 적이 있는데, 이때 그의 가르침을 받았던 학생들 가운데 Nightingale(나이팅게일)이 있었다. 병원 nursing practice(간호 업무)의 reformer(개혁자)로 worldwide(세계적)한 recognition(명성)을 떨친 바로 그 Nightingale 말이다. 그녀는 훗날 theology(신학)와 statistics(통계학)에 대해 다음과 같이 말했다. "Theology의 진정한 기초는 characteristics of God(신의 특성)을 확실히 하는 것이다. 바로 statistics의 도움으로 사회권의 법칙을 determine(규명)하고 organize(조직화)할 수 있으며, 이를 통해 characteristics of God이 clear-cut(명확한 모습)으로 드러난다. 그래서 statistics 연구는 religious rite(종교적인 의식)이다."

Sylvester의 오랜 수학 친구 Cayley는 1821년 영국 리치먼드에서 태어났다. 그는 어렸을 적부터 arithmetical calculation(산술 계산)에 매우 뛰어난 재주를 보였다. Cambridge의 Trinity College에 입학한 후에는 세 편의 수학 논문을 당시 새로 발간된 《케임브리지 수학 잡지》에 발표해서 20대 초반에 이미 수학자로서 fame(명성)을 얻었다. 그리고 졸업 후 4년 동안 특별 fellow(연구원) 자격으로 University of Cambridge에서 학생들을 가르치면서 28편의 논문을 발표하였다.

Cayley는 1846년 London law school에 들어갔고 졸업 후 Sylvester와 함께 lawyer로 개업했다. 그는 법률 관련 업무로 바쁜 시간을 보내면서도 수학 연구를 계속했고, matrix algebra(행렬대수학), group theory(군론), non-Euclidean geometry

아서 케일리(1821~1895)

(비유클리드 기하학)와 high-dimensional geometry(고차원 기하학) 등에서 탁월한 업적을 남겼다. 1863년 University of Cambridge의 professor가 되었고 죽을 때까지 그 자리를 지켰다.

Almost everywhere에서 서로 달랐던 Sylvester와 Cayley

오랜 수학 친구였던 Cayley와 Sylvester는 almost everywhere(거의 모든 점)에서 서로 달랐다. 그중 하나는 memory(기억력)이다. Cayley는 한 번 보거나 읽은 것은 거의 잊지 않았지만, Sylvester는 자신이 발견한 수학적 사실을 떠올리는 데에도 difficulty(어려움)를 느낄 정도로 memory가 좋지 않았다. 그래서였을까? 대학 재직 시절 Sylvester는 대단히 scatter-brained(산만)한 professor였다. 한번은 그가 새로운 universal algebra(보편 대수학)에 대해 lecture(강의)를 세 번 하겠다고 announce(공표)했는데 lecture는 세 번으로 끝나지 않았고, 열두 번짜리 lecture로 확대됐다가 결국은 1년 내내 계속되었다. 그다음 해에는 학생들에게 substitution(치환) 이론을 가르치면서 책까지 사게 해놓고는, 갑자기 어떤 matrix 문제에 관심을 가지면서 한 주에 한 번 matrix에 대해 강의하겠다고 하더니 얼마 안 가 matrix 강의만 하였다.

Research paper(연구 논문)를 쓸 때도 그랬다. 잡지사는 그의 손을 떠난 논문을 몇 번이고 modification(수정), correction(교정), addition(추가) 작업을 해야 했고, 여러 번의 서신 왕래 끝에 인쇄에 들어간 후에도 그가 paper를 또다시 modify(수정)하는 바람에 editor(편집자)와 printer(인쇄업자)는 난감한 상황에 처하곤 했다.

Sylvester와 Cayley가 다른 구석은 또 있다. Euclid(유클리드)에 관한 두 사람의 입장 차이다. Sylvester는 영국 geometry 교육의 개혁을 강력하게 advocate(지지)했으며, Euclidean geometry(유클리드 기하학)를 학생들이 접하지 못하도록 "낚시봉이 바닥에 닿은 것보다도 더 깊이" 파묻고 싶다고 했다. 반면에 Cayley는 Euclid를 대단히 존경해서 Robert Simson(로버트 심슨)이 쓴 《유클리드》를 영국 schooling(학교교육)에 사용하고 싶다고 말했다. 그러나 누군가가 그에게 이 책이 순수하게 Euclid의 것이 아니라 Euclid와 Simson의 mixture(혼합)라고 하자, 그는 Simson의 책을 destroy(폐기)하고 원래의 《유클리드》를 가르치자고 propose(제안)하기도 했다.

Matrix의 기원

역사적으로는 matrix보다 determinant(행렬식)에 관한 theory가 먼저 나왔다. 1693년 Gottfried Leibniz(고트프리드 라이프니츠)가 Guillaume de l'Hôpital(기욤 드 로피탈)에게 보낸 편지에서 unknown quantity가 3개인 simultaneous equation of the first degree(연립일차방정식)를 다루었는데, 2개의 variable을 eliminate(소거)하는 방법에서 determinant를 다루었다고 하는 것이 established theory(정설)이다. 그러나 이것은 실제 matrix 이론의 발전에는 큰 영향을 주지 못하였다. 그 후 Gabriel Cramer(가브리엘 크라머)를 거쳐 Cauchy(코시)에 이르러 오늘날의 determinant에 가까운 형태로 발전하였다. Cauchy는 1815년에 determinant란 말을 처음으로 clearly(명확)하게 define(정의)하고 사용하였다. Cauchy에 의해 확립된 determinant 이론은 훗날 Carl Jacobi(카를 야코비)에 의해 더욱 발전하였는데, Jacobi가 introduce(도입)한 functional determinant는 Sylvester에 의해 Jacobian(야코비 행렬식)이란 이름이 붙여져, 지금은 modern analysis(현대 해석학)에서 누구나 배워야 하는 개념이 되었다.

한편 matrix에 관한 theory는 determinant보다는 훨씬 늦은 1858년 Cayley가 transformation(변환) 이론에 대해 발표한 research paper로부터 시작되었다. Cayley가 생각한 matrix는 그와 Sylvester, 그리고 Frobenius(프로베니우스) 등에 의해 linear algebra로 발전하였다.

Gaussian elimination(가우스 소거법)

 Gaussian elimination은 Karl Friedrich Gauss(카를 프리드리히 가우스)가 asteroid(소행성)를 연구하던 중 그 orbit(궤도)을 observe(관측)하면서 얻은 unknown quantity가 6개인 simultaneous equation of the first degree를 푸는 과정에서 고안했다. 간단히 설명하면 simultaneous equation of the first degree를 풀기 위해 주어진 equation을 matrix로 나타내고, matrix의 basic transformation(기본 변형)을 적당히 반복해 coefficient(계수)의 matrix가 unit matrix(단위 행렬)가 되도록 한 방법이다. 이때 변형된 constant term(상수항)의 matrix가 주어진 equation의 value(해)이다. 이와 같이 simultaneous equation of the first degree를 푸는 방법을 Gaussian elimination 또는 간단히 elimination(소거법)이라고 한다. 간단한 예를 들자면

$\begin{cases} ax+by=p \\ cx+dy=q \end{cases}$ 를 matrix로 변형하여

$\begin{pmatrix} a & b \\ c & d \end{pmatrix} \begin{pmatrix} x \\ y \end{pmatrix} = \begin{pmatrix} p \\ q \end{pmatrix} \Rightarrow \begin{pmatrix} 1 & 0 \\ 0 & 1 \end{pmatrix} \begin{pmatrix} x \\ y \end{pmatrix} = \begin{pmatrix} r \\ s \end{pmatrix} \Rightarrow \begin{pmatrix} x \\ y \end{pmatrix} = \begin{pmatrix} r \\ s \end{pmatrix}$ 의 순으로 simultaneous equation을 해결하는 방법이다.

7

Euler's Formula
오일러의 공식

Art gallery(미술관)에 entrance(입구)와 exit(출구)이 같은 gallery(전시관)가 있다. Gallery의 wall(벽)에 painting(그림)을 전시하되, visitor(관람객)들이 aisle(통로)을 지나가면서 wall에 걸린 painting을 하나씩 다 보고 지나갈 수 있도록 gallery의 aisle을 만들려고 한다. 이 계획이 가능할까?

basic concept

최적화 시스템
Euler Path

Euler path - 한붓그리기

Euler path(오일러 경로, Eulerian path)란 graph(그래프)에서 모든 side(변)를 한 번만 통과하는 path(경로)를 말한다. 이는 1736년 Leonhard Euler(레온하르트 오일러)가 Königsberg(쾨니히스베르크)의 bridge(다리) 건너기 문제를 푼 것에서 유래했다. 그리고 Euler path 중에서 특별히 starting point(시작점)와 end point(끝점)가 같은 경로를 Euler circuit(오일러 회로, Eulerian circuit)라고 한다.

18세기 초 러시아과 폴란드 국경 근처에 쾨니히스베르크라는 도시가 있었다. 이 도시의 중심에는 Pregel river(프레겔 강)가 흐르고 있었는데, 그림과 같이 강 가운데 섬이 하나 있고, 강에 의해 도시가 네 지역으로 divide(나뉘다)되

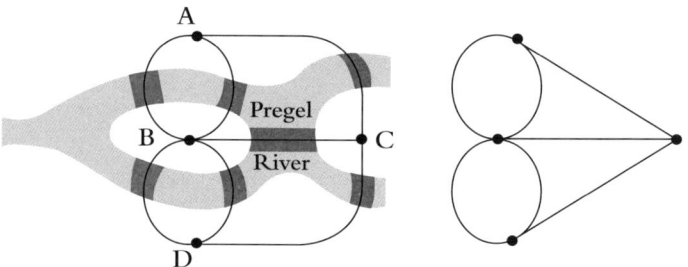

* Seven bridges of Königsberg problem. 이 graph는 Euler circuit을 가지고 있지 않다.

어 있었다. 그리고 네 지역을 connect(연결)하는 bridge가 7개 놓여 있었다.

이 도시에 사는 사람들은 "다리들을 하나도 빠짐없이 꼭 한 번씩만 지나가면서 산책할 수는 없을까?" 하는 생각을 하게 되었다. 이것이 바로 famous(유명)한 seven bridges of Königsberg(쾨니히스베르크의 7개의 다리) 문제이다.

사람들은 아무리 생각을 해도 답을 얻을 수 없었다. 그래서 이 문제를 가지고 Euler를 찾아갔다. Euler는 이 문제를 보자마자 "이것은 불가능하다."라고 말했다. 그는 이 문제 상황을 간단히 graph

레온하르트 오일러(1707~1783)

로 그리고 odd degree(홀수 차수)인 vertex(꼭짓점)가 4개이므로 하나의 길을 한 번만 지나면서 산책할 수는 없다고 설명해주었다. 여기서 degree는 vertex에 연결되어 있는 side의 개수를 말한다.

한붓그리기가 가능한 graph는 starting point(출발점)나 ad quem(종착점)이 아닌 vertex에는 들어오는 길이 있으면 반드시 나가는 길이 있어야 하므로 항상 even number(짝수)개의 side가 지나간다. 그리고 starting point와 ad quem은 합쳐서 2개뿐이니깐 각 odd degree인 vertex가 2개보다 많으면 한붓그리기를 할 수 없다. 다시 말해 한붓그리기의 secret은 모든 vertex의 degree가 even number(odd degree인 vertex가 0개)인 graph는 어느 점에서 출발해도 되고, odd degree인 vertex가 2개인 graph는 odd degree인 vertex에서 출발해 다른 odd degree인 vertex에 도착하도록 그리면 된다는 것이다.

Euler의 이러한 해법은 오늘날 graph theory(그래프 이론)의 pioneer(개척자) 역할을 했다.

Euler circuit에 대한 현대적 해석

Modern society(현대 사회)는 optimization(최적화) 이론의 heyday(전성기)라고 해도 과언이 아니다. Optimization 이론이란 given condition(주어진 조건)을 meeting(충족)하면서 given value(주어진 값)의 maximum value(최댓값) 또는 minimum value(최솟값)를 구하는 이론이다. Linear(선형) 계획법과 non-linear(비선형) 계획법, Convex Optimization(컨벡스 최적화) 등과 같이 given condition 또는 function의 form(형태)에 따라 다양한 optimization 풀이 방법이 존재한다.

Global warming(지구 온난화)이 전 세계적인 문제로 떠오르고 exhaustion of resources(자원 고갈)와 environmental pollution(환경오염) 문제가 심각해지면서, optimization 이론은 limited resources(한정된 자원)를 most efficiently(가장 효율적)하게 이용하기 위한 solution(해결책)으로 주목받고 있다.

그런데 이 모든 optimization 이론의 starting point가 바로 Euler이다. "Mother of mathematics(수학의 어머니)"로 불리는 스위스의 천재 수학자인 Euler는 오래전부터 이 분야에 깊은 관심을 보였으며 여러 가지 solution을 제시하였다. Graph theory(그래프 이론), Euler circuit, Hamiltonian path(해밀턴 회로) 그리고 tree diagram(수형도)까지 많은 optimization 이론을 만들어냈다.

Graph theory는 상황을 좀 더 systematically(체계적)하게 조직해주기 때문에 사회, 경제, 과학 등 다양한 분야에서 widely(광범위)하게 활용되는 수학의 one area(한 영역)로, real life(실생활)에 가장 깊숙이 자리 잡고 있는 이론이라고 할 수 있다. 또 Graph theory를 통해 phenomenon of earth(지구의 현상)뿐만 아니라 movements of space(우주의 움직임)를 회로로 나타낼 수 있게 되었다. 오늘날 astronomy(천문학)에 Euler circuit이 directly or indirectly(직간접적)하게 이용되는 것을 보면 Euler circuit의 중요성을 또 한 번 절감할 수 있을 것이다.

reading mathematics

지역 신문 배달부, 집배원, 방문 판매원, 거리 청소팀, 도로경계선 페인팅팀, 쓰레기차 운전수와 택배 배달원, 이들 모두가 가지고 있는 공통점은 무엇일까? 그들은 모두 각 거리를 한 번만 지나 출발점으로 나오는 길을 알고 있거나 찾아야 한다는 것이다! 다른 말로 해서, 그들은 모두 오일러의 공식을 터득했어야 하며, 말하자면 그들은 한 원으로 움직이는 두 개의 동일한 길을 알아냈다는 것이다.

수학에서 오일러의 등식이라고도 불리는 오일러의 공식은 i가 허수일 때 $e^{ix} = \cos x + i \sin x$라고 말한다. 기계학에서 이 오일러의 공식은 기둥이 하중으로 비틀어지지 않는 한도 내에서의 최대 하중을 결정하는 데 사용된다.

다른 오일러의 공식 또한 수학 이론의 역사에서 매우 중요하다.

$e^{ix} = 1 + 0$

$x = \pi$라는 특수한 조건일 때 공식은 위와 같은 공식을 제공하며 $i, \pi, e, 1, 0$과 같은 기본 숫자와 덧셈, 곱셈, 누승법으로만 사용되는 방정식이다. 이해하기 힘들 수 있는 점은 i(-1의 제곱근), π(원주율, 원의 둘레와 지름 간의 비율) 과 e(자연로그의 밑, 지수적 성장과 밀접한 관련)의 세 숫자가 공통점을 가지지 않는 것처럼 보이는 것이다. 하지만 오일러의 단순하지만 독창적인 공식은 이들 간의 관계를 설명해준다.

오일러의 공식은 급수 전개라고 알려져 있는 방식을 사용해서도 증명될 수 있다.

$$e^{ix} = \sum_{n=0}^{\infty} \frac{(ix)^n}{n!}$$
$$= \sum_{n=0}^{\infty} \frac{(-1)^n x^{2n}}{(2n)!} + \sum_{n=1}^{\infty} \frac{(-1)^{n-1} x^{2n-1}}{(2n-1)!}$$
$$= \cos x + i \sin x$$

What might your local paperboy's route, your mailman's route, a door to door salesman, a street cleaning crew, a street line painting crew, some garbage trucks, and a UPS delivery person all have in common? They all have or should have found a way to only go down each street only once and end up at their starting points! In other words, they all should have mastered Euler's formula; which is to say, they have figured out two equivalent ways of moving in a circle.

In mathematics, the Euler formula, which is sometimes also called the Euler identity, states $e^{ix} = \cos x + i \sin x$ where i is the imaginary unit. In mechanics, this Euler formula is used for determining the maximum load that can be applied to a given column without it buckling under the load.

Another Euler formula is also quite important in the history of math theory.

$e^{ix} = 1 + 0$

The special case of the formula with $x = \pi$, provides the identity and is an equation that uses just the fundamental numbers i, π, e, 1, and 0, the fundamental operations of addition, multiplication, exponentiation and nothing more. What may seem baffling to some is that, three of those numbers: i (the square root of minus one), π (the ratio between the circumference and the diameter of a circle), and e (the base of natural logarithms, closely related to exponential growth) at seem to have nothing in common. However, Euler's simple yet ingenious formula demonstrates their

또 복소적분을 이용해서도 증명된다.

$$z = \cos\theta + i\sin\theta$$
$$dz = (-\sin\theta + i\cos\theta)\,d\theta$$
$$= i(\cos\theta + i\sin\theta)\,d\theta$$
$$= iz\,d\theta$$
$$\int \frac{dz}{z} = \int i\,d\theta$$
$$\ln z = i\theta$$

그러므로,

$$z = e^{i\theta}$$
$$= \cos\theta + i\sin\theta$$

오일러는 또한 평면 그래프를 이루는(those of a planar graph) 볼록다면체의 꼭짓점, 모서리, 면의 수와 관계되는 공식 $V-E+F=2$를 발견하였다. 오늘날 이 공식의 정수는 오일러의 표수라고 불린다. 이 공식의 연구 및 일반화는 위상 기하학의 기원에서 이루어지며, 물체의 변형, 비틀림 및 늘이기를 통해 유지되는 성질들의 수학적 연구이다.

오일러의 그래프는 다른 대상, 즉 다음의 정리에 보여지는 것과 같이 모든 꼭짓점들이 짝수 차수를 가지는 그래프로도 정의된다. 오일러는 홀수 차수의 꼭지점을 가진 그래프가 아니라면, 다시 말해 모든 꼭짓점들이 짝수 차수라면, 연결된 간단한 그래프는 오일러 경로라고 (증명 없이) 보여줬다. n개의 꼭짓점에서 연결된 오일러 그래프의 수는 n개의 꼭짓점에서의 오일러 경로의 수와 같은 반면에 비연결 그래프에서는 그 개수가 다르다. 이유는 모든 변을 지나는 단일 회로가 없다면 각 짝수인 꼭짓점이 있는 여러 개의 분리된 회로를 갖는 비연결 그래프가 있기 때문이다.

다음은 비연결 그래프의 예이다.

relationship.

The Euler formula can also be demonstrated using what is known as a series expansion:

$$e^{ix} = \sum_{n=0}^{\infty} \frac{(ix)^n}{n!}$$

$$= \sum_{n=0}^{\infty} \frac{(-1)^n x^{2n}}{(2n)!} + \sum_{n=1}^{\infty} \frac{(-1)^{n-1} x^{2n-1}}{(2n-1)!}$$

$$= \cos x + i \sin x$$

It can also be demonstrated using a complex integral.

$$z = \cos \theta + i \sin \theta$$
$$dz = (-\sin \theta + i \cos \theta) \, d\theta$$
$$= i(\cos \theta + i \sin \theta) \, d\theta$$
$$= iz \, d\theta$$
$$\int \frac{dz}{z} = \int i \, d\theta$$
$$\ln z = i\theta$$

so

$$z = e^{i\theta}$$
$$= \cos \theta + i \sin \theta$$

Euler also discovered the formula $V-E+F=2$, which relates the number of vertices, edges, and faces of a convex polyhedron and therefore those of a planar graph. The constant in this formula is now known as the Euler characteristic for the graph (or other mathematical object). The study and generalization of this

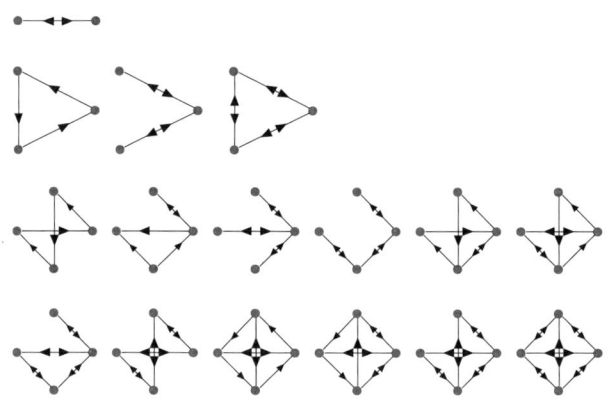

그리고 다음은 오일러 경로의 예이다.

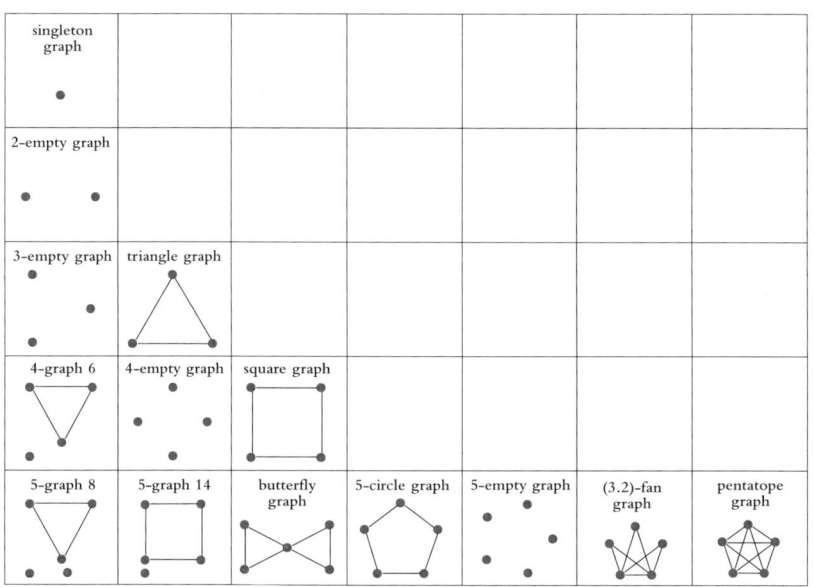

오일러는 어떤 그래프가 오일러 그래프가 되려면 연결되어 있어야 하고 모든 꼭짓점이 짝수 차수여야 한다고 결론을 내렸다. 여기 오일러 그래프와 비

formula is at the origin of topology or in other words, the mathematical study of the properties that are preserved through deformations, twisting, and stretching of objects.

A Euler graph has also been defined as a different object, namely a graph for which all vertices are of an even degree, as shown in the following theorem. Euler showed (without proof) that a connected simple graph is Eulerian if it has no graph vertices of an odd degree or in other words, if all vertices are of even degree. While the number of connected Euler graphs on n nodes is equal to the number of connected Eulerian graphs on n nodes, the counts are different for disconnected graphs since there are disconnected graphs that have multiple disjointed cycles with each even node, but for which no single cycle passes through all edges.

These are examples of a disconnected graph:

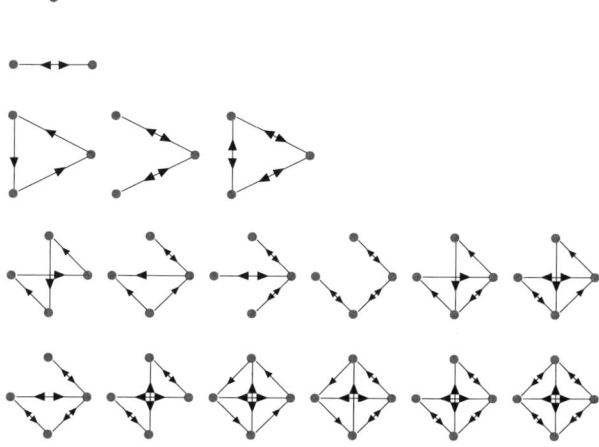

And these are an example of a Eulerian Graph:

㈱오일러 그래프의 다른 예가 있다.

그래프 A는 오일러 그래프의 예이다.

그래프 B는 비㈱오일러 그래프의 예이다.

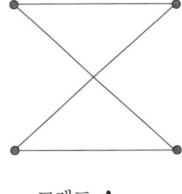
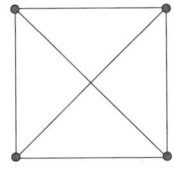

그래프 A   그래프 B

singleton graph							
2-empty graph							
3-empty graph	triangle graph						
4-graph 6	4-empty graph	square graph					
5-graph 8	5-graph 14	butterfly graph	5-circle graph	5-empty graph	(3,2)-fan graph	pentatope graph	

Euler concluded that for a graph to be Eulerian, it must be connected and every vertex must have even degree. Here is another example of Eulerian and non-Eulerian graphs.

Graph A is an example of an Eulerian graph.

Graph B is an example of a graph that is not Eulerian.

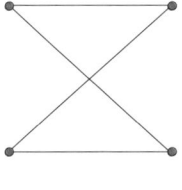

Graph A

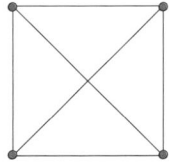

Graph B

problem solving

문제1 1부터 5까지 적혀 있는 숫자카드가 각각 여러 장 있다. 서로 다른 숫자카드를 두 장씩 붙여서 두 자리의 서로 다른 숫자카드 20장을 새로 만든다. 이렇게 만들어진 두 자리의 숫자카드를 한 번씩 사용하여 일렬로 나열할 때 두 자리의 숫자카드들을 같은 숫자가 인접하게 나열할 수 있을까?
　[1][4][1][5][2][1]…
$\Rightarrow$ [1][3][3][4][4][5][5][3]…

문제2 연결 상태가 꼭 구와 같지는 않은 두 다면체 A, B가 있다. 이 두 다면체의 오일러의 공식 $v-e+f$의 값을 각각 a, b라 하자. 그리고 이 두 다면체에는 서로 합동이 되는 n각형의 면이 있고, 이 면을 맞붙여 두 다면체를 연결하여 새로운 다면체 C를 만들었다. 이 새로운 다면체의 오일러 공식의 값을 c라 할 때, a, b, c 사이의 관계식을 구하여라.

➡ 문제풀이는 253쪽에

Example 1 There are several number cards on which number 1 through 5 are written.

These cards make 20 two-digit new number cards different from one another by putting together two cards each using different numbers. Is it possible for the number cards to be close to the same numbers when these two-digit number cards are arranged in a row by using them once?

[1] [4] [1] [5] [2] [1] ⋯

⇒ [1] [3] [3] [4] [4] [5] [5] [3] ⋯

Example 2 There are two polyhedrons A and B in which the connections are not exactly like a sphere. Let's say the values of Euler's formula $v-e+f$ for these two polyhedrons are a and b respectively. And these two polyhedrons have the plane of n-gon which is congruent with each other and the connection of two polyhedrons by putting these planes together has made a new polyhedron C. When we say the value of Euler's formula for this new polyhedron is c, find the relational expression among a, b, and c.

rest in mathematics

수학의 어머니 Leonhard Euler

　Euler는 스위스의 수학자이자 physicist(물리학자)이다. 독일, 러시아에서 활약하였고 "Analysis(해석학)의 incarnation(화신)", "최대의 algorist(알고리스트)" 등으로 불렸다. 그의 연구는 math(수학), astronomy(천문학), physics(물리학)뿐 아니라 medicine(의학), biology(식물학), chemistry(화학) 등 많은 분야에 광범위하게 걸쳐 있다. 처음에는 pastor(목사)가 되기 위해 university of Basel(바젤대학)에서 theology(신학)와 Hebrew(헤브라이어)를 공부하였으나, 수학자인 Johann Bernoulli(요한 베르누이)의 관심을 끌어 곧 Nicolaus Bernoulli(니콜라우스 베르누이), Daniel Bernoulli(다니엘 베르누이) 형제와 사귀었다.

　Euler는 Bernoulli 형제의 소개로 러시아의 Academy of Sciences in St Petersburg(상트페테르부르크 과학원)에 들어가 수학을 연구하였으며, 1740년에는 Frederick(프리드리히) 대왕의 초청을 받아 베를린으로 이주하였다. 그는 거기서 Berlin Academy(베를린 학사원)의 head of math department (수학부장)로서 연구에 몰두하다가 1776년 다시 상트페테르부르크로 돌아왔다.

　Euler는 후에 시력을 잃어 blind(장님)가 되었다. 그러나 그는 연구를 포기하지 않았다. 저 유명한 Beethoven(베토벤)이 청력을 잃은 후에 symphony(교향곡) '합창'을 완성한 것처럼 그는 아들과 assistant(조수)들에게 자신의 생각을 받아 적게 하는 방식으로 연구를 계속해서 수많은 accomplishment(업적)를 남겼다.

　그가 수학자로서 연구를 시작한 시기는 Newton(뉴턴)이 사망한 무렵으로 이미 analytic geometry(해석기하학), calculus(미적분학)의 개념이 갖추어져 있긴 했으나 systematic study(체계적인 연구)는 초보 단계였다. 특히 dynamics(역학), geometry(기하학) 분야는 충분한 체계가 서 있지 않았다. 그는 calculus를 발전시켜 《Introductio in Analysis Infinitorum(무한해석개론)》,

《Institutiones Calculi Differontial(미분학 원리)》,《Institutiones Calculi Integrelis(적분학 원리)》등을 펴냈으며, calculus of variations(변분학, 變分學)를 create(창시)하여 dynamics를 해석적으로 풀이하였다. 또 algebra(대수학), number theory, geometry 등 여러 방면에 큰 업적을 남겼다. 그중에 trigonometric function(삼각함수)의 생략기호 sin, cos, tan의 창안과 Euler's theorem(오일러의 정리) 등이 널리 알려져 있다.

사실 Euler는 수학 역사상 글을 가장 많이 쓴 사람이다. 그는 18세 때 최초의 math paper(수학 논문)를 썼고, 25세 때 두 권으로 이루어진 dynamics에 관한 책을 썼다. Great orator(대웅변가)가 말을 하듯 그는 거침없이 수학에 관한 글을 써댔다. 저녁 식사를 하라는 말과 이를 독촉하는 말 사이의 시간, 즉 30분도 채 안 되는 시간에 한 편의 math paper를 단숨에 써 냈다는 anecdote(일화)가 있을 정도이다.

또 Euler는 math paper가 완성되면 바로 printer(인쇄업자)를 기다리는 pile of paper(논문 더미) 위에 올려놓았는데, printer가 academy of science의 newsletter(회보)를 채우기 위해 그 더미의 꼭대기에서 several bundles(몇 다발)를 집어 가곤 하는 바람에 Euler의 math paper가 작성한 날짜 순서대로 발표되지 않는 일이 종종 일어났다는 이야기도 있다.

Euler는 일찍이 20년 동안 paper를 제공해서 Academy of Sciences in St Petersburg의 newsletter를 풍부하게 만들어주겠다고 promise(약속)하였다. 실제로 그의 writing(글)은 1729년부터 Academy of Sciences in St Petersburg에서 publish(출간)된 전체의 글 중 약 절반을 차지했으며 1783년 그가 죽은 뒤에도 50년 이상 이런 tendency(추세)가 계속됐다. 1818년까지 newsletter 각 volume(권)에는 그의 paper가 적어도 한 편씩 게재된 것이다.

Euler는 베를린에서도 많은 글을 발표했는데, 그의 글이 1746년부터 1771년까지 Berlin Academy의 전체 출판량의 반 정도를 차지하였다. 조금 더 이야기하자면, 18세기의 마지막 75년 동안 발표된 math, dynamics, mathematical physics(수리물리학), engineering(공학)에 관한 research paper(연구 논문)의 약 3분의 1이 Euler의 것이었다고 한다.

Euler's theorem: 꼭짓점의 수-모서리의 수+면의 수=2

Figure(도형)에서 vertex의 수(v), edge(모서리, 변)의 수(e), face(면)의 수(f) 사이의 관계식을 Euler's theorem(오일러의 정리) 또는 Euler's formula(오일러의 공식)라고 한다.

Euler's formula는 $v-e+f=2$다.

Euler가 관심을 둔 regular polyhedron(정다면체)에서 $v-e+f$의 value(값)를 구하면 다음과 같다.

Figure	Regular tetrahedron (정사면체)	Regular hexahedron (정육면체)	Regular octahedron (정팔면체)	Regular dodecahedron (정십이면체)	Regular Icosahedron (정이십면체)
Vertex의 수(v)	4	8	6	20	12
Edge의 수(e)	6	12	12	30	30
Face의 수(f)	4	6	8	12	20
$v-e+f$	2	2	2	2	2

8

Logarithm and Table of Logarithms
로그와 로그표

Table of logarithms(로그표)는 작은 table(표)이지만, 이를 이용하면 대단히 쉬운 계산을 통해 space(공간)에서의 모든 geometric(기하학적)한 크기와 운동에 대한 knowledge(지식)를 얻을 수 있다. 이 table은 "대단히 쉽다."라고 불려 마땅한데 이 table을 통하면 모든 multi-plication(곱셈), division(나눗셈) 및 훨씬 어려운 square root(제곱근) 구하기를 피할 수 있기 때문이고, 대단히 적고도 간단한 addition(덧셈), subtraction(뺄셈), 2로 나누기를 통해 모든 figure(도형)와 motion(운동)의 dimension(크기)을 measure(측정)할 수 있다. ─John Napier(존 네이피어)

basic concept

숫자 계산에 자유를 제시하다
Birth of Log

일반적으로 어떤 positive number(양수) a를 x제곱해서 y가 될 때, 즉 $a^x=y$일 때 x는 a를 밑으로 하는 y의 logarithm(로그, 대수)이라고 한다. 그리고 이것을 기호로는, $x=\log_a y(a \neq 1, a>0, y>0)$로 나타낸다. 여기서 logarithm을 나타내는 기호 log는 logarithm의 첫 세 글자인데, logarithm이라는 term은 영국의 수학자 John Napier가 '비'를 의미하는 그리스어 logos와 '수'를 의미하는 arithmos를 합쳐서 만들었다고 한다.

Napier가 logarithm이라는 용어를 만들기는 했지만, 기호 log는 1858년 잉글랜드의 수학자 Isaac Todhunter(아이작 토드헌터)가 처음 사용한 것으로 알려져 있다. log 이전에는 여러 가지 다른 기호가 사용되었는데, 독일의 astronomer(천문학자) Johannes Kepler(요하네스 케플러)가 기호 Log.를(점 '.'은 '축약'을 의미한다) 사용하였고, 이탈리아의 수학자 Cavalieri(카발리에리)는 log.를 사용하였다.

한편 natural logarithm(자연로그)을 나타낼 때는 기호 ln을 사용하는데, 이것은 1893년 Irving Stringham(어빙 스트링햄)이 처음으로 사용하였다. ln에서 n은 natural의 첫 글자로 보인다.

사실 logarithm은 arithmetic(산수)을 빠르게 하기 위해 고안된 concept(개념)이다. 물론 수학은 arithmetic이 전부가 아니지만 arithmetic에서

아이작 토드헌터

자유로워질 때 더 많은 mathematical problem(수학 문제)이 해결된다. 그래서 과거 많은 수학자들이 좀 더 편리한 계산법을 찾기 위해 많은 시간과 수고를 투자한 것이다.

   Napier가 logarithm을 발명하게 된 것은 우연한 사건 때문이었다. 어느 날 storm(폭풍우) 때문에 영국의 왕자 일행이 오도 가도 못하게 되었는데, 덴마크의 astronomer인 Tycho Brahe(튀코 브라헤)가 왕자에게 trigonometric function(삼각함수)의 계산법을 소개하였다. 이 자리에는 Napier의 친구도 있었는데, 후에 그가 Napier에게 이 이야기를 전해주면서 logarithmic function(로그함수)의 역사는 시작된다. Napier는 그 후 20년 동안 logarithm을 연구하여 logarithmic function의 개념과 calculating table(계산표)을 제시한다.

   다음에 소개하는 formula(식)는 table of logarithms(로그표)를 이용하여 multiplication의 calculation(연산)을 addition으로 간단하게 만들어내는 과정이다.

   123×234의 calculation을 table of logarithms를 이용하여 calculate(연산)해보자.

$$log 123 = log 1.23 \times 10^2 = 2+0.0899, \ log 2.34 \times 10^2 = 2+0.3692$$

이제 위에서 구한 결과를 더하면
2.0899+2.3692 = 4.4591

여기서 다시 table of logarithms를 이용하여 4.4591을 구하면
$4+0.4591 = 4+log 2.8781 = log 2.8781 \times 10^4$

따라서 123 × 234 = 28781이라는 result(결과)를 얻을 수 있다.

Table of logarithms를 이용해야 하는 단점이 있지만 'multiplication'이라는 복잡한 연산을 'addition'으로 구할 수 있기에 대단히 획기적인 발견이라 할 수 있다.

x	0.00	0.01	0.02	0.03	0.04	0.05	0.06	0.07	0.08	0.09
5.5	0.74036	0.74115	0.74193	0.74272	0.74350	0.74429	0.74507	0.74585	0.74663	0.74741
5.6	0.74818	0.74896	0.74973	0.75050	0.75127	0.75204	0.75281	0.75358	0.75434	0.75511
5.7	0.75587	0.75663	0.75739	0.75815	0.75891	0.75966	0.76042	0.76117	0.76192	0.76267
5.8	0.76342	0.76417	0.76492	0.76566	0.76641	0.76715	0.76789	0.76863	0.76937	0.77011
5.9	0.77085	0.77158	0.77232	0.77305	0.77378	0.77451	0.77524	0.77597	0.77670	0.77742
6	0.77815	0.77887	0.77959	0.78031	0.78103	0.78175	0.78247	0.78318	0.78390	0.78461
6.1	0.78532	0.78604	0.78675	0.78746	0.78816	0.78887	0.78958	0.79028	0.79098	0.79169
6.2	0.79239	0.79309	0.79379	0.79448	0.79518	0.79588	0.79657	0.79726	0.79795	0.79865

* Table of logarithms—5 decimal point places(소수점 5째 자리)까지 나온 table of common logarithms(상용로그표)의 일부

Logarithm의 계산법과 천문학

Logarithm의 발견은 astronomy(천문학)에 considerable(엄청난)한 influence(영향)를 끼쳤다. 프랑스의 대수학자 Laplace(라플라스)는 "Napier가 astronomer의 lifespan(수명)을 배로 늘려주었다."라며 logarithm의 발견에 대해 praise(칭찬)를 아끼지 않았다.

그러면 logarithm의 발견과 관련해 Earth(지구)와 star(별) 사이의 거리를 구하는 과정을 소개하겠다. 물론 수학 전공자가 아니면 이해하기 힘든 부분이지만 logarithm이 활용되는 부분을 아는 것으로 만족하길 바란다.

우리가 바라보는 star는 각각 고유의 brightness(밝기)를 가지고 있다. Magnitude(등급)가 작을수록 밝은데, first-magnitude star(1등성)는 sixth-magnitude star(6등성)보다 100배 밝다고 한다. 우리가 star를 바라볼 때

earth에서 육안으로 관측한 brightness of a star(별의 밝기)를 apparent magnitude(실시등급, visual magnitude)라 하고, luminosity(광도)로 10 pc의 거리에 갖다 놓았을 때의 brightness를 absolute magnitude(절대등급)라 한다. 여기서 pc이란 parsec(파섹)으로 1 pc은 3.26 LY(광년)이다.

빛은 사방으로 골고루 spread(퍼져나가다)하기 때문에 거리가 2배가 되면 에너지의 density(밀도)는 $\frac{1}{4}$이 되고 결국 light intensity(빛의 세기)는 square of distance(거리의 제곱)에 inverse proportion(반비례)을 하게 된다.

여기서 star의 apparent magnitude와 absolute magnitude의 관계를 나타내는 formula를 알아보면 apparent magnitude를 m, absolute magnitude를 M, 별까지의 거리를 r(pc)이라 할 때, $m-M=5\log r-5$를 만족하게 된다.

간단한 예를 들어보면 어떤 star의 apparent magnitude가 1.7등급이고 absolute magnitude가 6.7등급이라고 할 때, 그 star까지의 거리 r을 구하면

$m-M=1.7-6.7=-5$
$-5=5\log r-5$
$\log r=0$

따라서 $r=1$(pc)$=3.26$ LY(광년)

1 light year(광년)가 9.5×1012 km이므로 지구에서 그 별까지의 거리는 $3.26\times 9.5\times 1012$ km가 된다.

이 외에도 경제학에서 사용되는 economic indicator(경제 지수)에 대한 predicting(예측), increase and decrease of population(인구 증감)에 대한 calculation, bacterial growth(세균 증식) 등 logarithm은 우리 주변에서 광범위하게 사용되고 있다.

reading mathematics

어렸을 때 덧셈을 배웠을 것이다. 우리는 이제 지수라고 불리는 또 다른 수학 개념을 이용하여 이 기본 지식을 넓힐 것이다.

지수를 결정하는 규칙은 사실 덧셈과 매우 흡사하다. 지수는 a^x으로 정의한다.

이것은 'a의 x제곱'이라고 읽으며 밑 a가 스스로 x번 곱해졌음을 간단하게 보여준다(shorthand way to show how many times a number). x는 지수라고 부른다.

그러므로 x제곱으로 높여진 a를 다음과 같이 정의한다:

$a^x = a \times a \times a \times a \cdots$ (a를 스스로 x번 곱한 수)

다음은 그 예다.

$6^3 = 6 \times 6 \times 6$

$7^3 = 7 \times 7 \times 7$

$8^5 = 8 \times 8 \times 8 \times 8 \times 8$

사실상 곱셈은 반복되는 덧셈의 다른 방식이다. 그러므로 지수의 사용이나 거듭제곱으로 증가하는 수는 반복적인 곱셈의 간단한 산출 방법으로 볼 수 있다.

지수에 관한 몇 가지 규칙이 있다. 첫 번째는 동일한 밑(base)을 가지는 두 지수의 곱셈 규칙이다.

다음은 그 예다.

$a^x \times a^y = (a \times a \times a \times a \cdots x$번$) \times (a \times a \times a \times a \cdots y$번$)$

$a^x \times a^y = a^{(x+y)} = (a \times a \times a \times a \cdots (x+y)$번$)$

지수의 곱셈이 지수의 덧셈으로 변환된(reduced to the addition of the exponents) 것을 알 수 있다. 예를 들어보자.

$10^3 = 10 \times 10 \times 10$

$10^2 = 10 \times 10$

When you were a small child you learned how to add. We are now going to expand upon this basic knowledge using another mathematical concept called exponents.

The rules that govern exponents or exponentials are actually very similar to addition. The definition of an exponent is: a^x

This is read as "a to the x power" and it is a shorthand way to show how many times a number, which is called the base (a), is multiplied times itself (x). The x is called the power.

Therefore, a raised to the x power is defined to be: $a^x = a \times a \times a \times a \cdots$ (a multiplied by itself x times)

Here are some examples:

$6^3 = 6 \times 6 \times 6$

$7^3 = 7 \times 7 \times 7$

$8^5 = 8 \times 8 \times 8 \times 8 \times 8$

Since multiplication is actually another way of repeatedly adding, then the use of an exponent or raising a number to a power can be thought of as a shorthand way of producing repetitive multiplication. This is really all that exponents are.

There are some rules regarding exponents. The first is the rule for multiplying two exponents with the same base.

Here is an example:

$a^x \times a^y = (a \times a \times a \times a \cdots x \text{ times}) \times (a \times a \times a \times a \cdots y \text{ times})$

$a^x \times a^y = a^{(x+y)} = (a \times a \times a \times a \cdots (x+y) \text{ times})$

You will notice that the multiplication of the exponents has been reduced to the addition of the exponents. For example:

$10^3 \times 10^2 = (10 \times 10 \times 10) \times (10 \times 10)$

$10^3 \times 10^2 = 10^{(3+2)}$ 또는 다른 말로, 10을 5번 곱한다 $=10^5$

지수의 또 다른 중요한 성질은 'a의 x제곱의 y제곱'은 'a의 x와 y의 곱의 거듭제곱(product of x and y power)'이라는 것이다. 이 성질은 다음과 같이 표기한다.

$(a^x)^y = a^{(x \times y)}$

$(a^x)^y = (a \times a \times a \cdots x$번$) \times (a \times a \times a \cdots x$번$) \times (a \times a \times a \cdots x$번$) \cdots y$번

여기 이 성질을 실제 숫자로 표시한 것이 있다.

$3^5 = 3 \times 3 \times 3 \times 3 \times 3$

$(3^5)^2 = (3 \times 3 \times 3 \times 3 \times 3)^2 = 3^5$를 두 번 곱한다.

$3^5 \times 3^5 = 3^{(5+5)} = 3^{(5 \times 2)} = 3^{10}$

지수에 관한 그 외의 다양한 사용법(many other uses)과 성질이 있다. 더 알고 싶거나 증명하고 싶다면 다음의 예를 참고하자.

$x^m \times x^n = x^{m+n}$

$x^m / x^n = x^{m-n}$

$(x^m)^n = x^{m \times n}$

$(x \times y)^m = x^m \times y^m$

$(x/y)^m = x^m / y^m$

$x^{-m} = 1/x^m$

$(x/y)^{-m} = y^m / x^m$

$x^1 = x$

$x^0 = 1$

만약 $x^m = y$라면 $x = \sqrt[m]{y} = y^{(1/m)}$

$x^{m/n} = \sqrt[n]{x^m}$

다른 중요한 수학 개념은 로그이다. 나무에서 잘려진 통나무(log)가 아니라 로그(대수)이다.

지수가 덧셈과 흡사한(are similar to) 것처럼 로그는 뺄셈과 흡사하다. 로그

$10^3 = 10 \times 10 \times 10$

$10^2 = 10 \times 10$

$10^3 \times 10^2 = (10 \times 10 \times 10) \times (10 \times 10)$

$10^3 \times 10^2 = 10^{(3+2)}$ or in other words 10 multiplied by itself 5 times $= 10^5$

Another important property of exponents is that "*a* to the *x* power raised to the y power" is just "*a* to the product of *x* and y power." This property is written out like this:

$(a^x)^y = a^{(x \times y)}$

$(a^x)^y = (a \times a \times a \cdots x \text{ times}) \times (a \times a \times a \cdots x \text{ times}) \times (a \times a \times a \cdots x \text{ times}) \cdots y$ times

Here is this property written out with actual numbers.

$3^5 = 3 \times 3 \times 3 \times 3 \times 3$

$(3^5)^2 = (3 \times 3 \times 3 \times 3 \times 3)^2 = 3^5$ multiplied by itself two times

$3^5 \times 3^5 = 3^{(5+5)} = 3^{(5 \times 2)} = 3^{10}$

There are many other uses or properties regarding exponents. Here are some examples that you may want to look into further or experiment with on your own:

$x^m \times x^n = x^{m+n}$

$x^m / x^n = x^{m-n}$

$(x^m)^n = x^{m \times n}$

$(x \times y)^m = x^m \times y^m$

$(x/y)^m = x^m / y^m$

$x^{-m} = 1/x^m$

$(x/y)^{-m} = y^m / x^m$

$x^1 = x$

$x^0 = 1$

If $x^m = y$ then $x = \sqrt[m]{y} = y^{(1/m)}$

Logarithm and Table of Logarithms

는 지수의 '반대'이다. 로그는 지수를 '원상태로 돌린' 것이라고 할 수 있다. 전문적으로 말하자면 로그는 지수의 역이다.

문자를 이용한 예가 있다. $y=k^x$는 $log_k(y)=x$와 같다.

지수 표현법 '$y=k^x$' 또는 'y는 k의 x제곱과 같다.'는 '$log_k(y)=x$'라고 표기한 것과 동일하다. 이것은 'k를 밑으로 하는 y의 로그는 x이다.'라고 읽는다.

아래에 기입한(subscripted) 'k'의 값은 지수 표현 'k^x'에서 k가 밑(base)인 것처럼 '로그의 밑(base)'이라고 한다.

또한 지수 방정식에서 밑 k가 항상 양수이면서 1이 아닌 것처럼(not equal to 1) 로그의 밑 k도 항상 양수이면서 1이 아니다. 로그 안에 무엇이 들어 있든 간에 그것은 로그의 '인수(argument)'라고 부른다.

지수방정식과 로그방정식(위를 참조)의 기수(밑)는 k이지만 x와 y는 각각의 방정식으로 변환할 때 위치가 바뀐다는 사실에 주의해야 한다.

이 관계를 기억하자. 로그의 인수가 무엇이었던지 간에 '같은 것'이 되고 '같은 것'이 무엇이었던지 간에 지수방정식에서 지수가 된다면 반대의 경우도 마찬가지다.

$x^{m/n} = \sqrt[n]{x^m}$

Another important mathematical concept is logs. Not wooden logs from cut down trees, but logarithms.

Just as exponents are similar to addition, logarithms are similar to subtraction. Logarithms are the "opposite" of exponents. Logs you can say "undo" exponents. Technically speaking, logs are the inverse of exponents.

Here is an example using letters: $y=k^x$ is equivalent to $Log_k(y)=x$

The exponential statement "$y=k^x$" or y equals k to the x power is the same as writing "$Log_k(y)=x$." This is read as "log-base-k of y equals x."

The value of the subscripted "k" is called "the base of the logarithm", just as k is the base in the exponential expression "k^x."

Also, just as the base k in an exponential equation is always positive and not equal to 1, so also the base k for a logarithm is always positive and not equal to 1. Whatever is inside the logarithm is called the "argument" of the log.

Take note of the fact that the base in both the exponential equation and the log equation (above) is "k", but that the x and y switch sides when you switch between the two equations.

Remember this relationship: Whatever had been the argument of the log becomes the "equals" and whatever had been the "equals" becomes the exponent in the exponential, and vice versa.

problem solving

문제1 어떤 초원에 사는 토끼의 수를 x, 사슴의 수를 y라고 할 때 두 동물이 뜯어먹는 풀의 소비량 G는 다음과 같은 관계가 있다고 한다.

$G = kx^m \cdot y^{1-m}$ (k는 양의 상수이고 $a < m < 1$이다.)

2000년에 비해 2003년에는 토끼의 수가 44%, 사슴의 수가 20% 증가하였으며, 이에 따라 풀의 소비량이 30% 증가하였다. 이때 m의 값을 구하는 과정을 설명하라.

(단, $log1.1 = 0.041$, $log1.2 = 0.114$, $log1.4 = 0.146$으로 계산한다.)

문제2 어떤 농산물이 유통 과정을 한 번 거칠 때마다 일정한 비율로 가격이 인상된다. 이 농산물의 가격 형성 과정을 조사한 결과 유통 과정을 다섯 번 거친 소비자 가격은 원산지 생산 가격의 2.52배였다. 유통 과정을 두 번만 거친다면 소비자 가격은 다섯 번 거친 소비자 가격의 약 몇 %인가?

(단, $log2.52 = 0.4$, $log1.2 = 0.08$로 계산한다.)

➡ 문제풀이는 254쪽에

Example 1 When the number of the rabbits living in a grassland is x and the number of the deer is y, G, the consumption of grass the two animals feed on is said to have the relation as follows:

$G = kx^m \cdot y^{1-m}$ (k is a constant of quantity and $a < m < 1$ is.)

Compared with the year 2000, in 2003 the number of rabbits increased by 44%, the number of deer by 20%. As a result the consumption of grass increased by 30%. Now explain the process of finding the value of m.

(But, it is calculated on the basis of $log1.1 = 0.041$, $log1.2 = 0.114$, $log1.4 = 0.146$)

Example 2 The price of some agricultural products is increased in scale every time they go through a process of distribution. The result of investigation into price formation of this farm produce showed that the consumer price going through the distribution process five times was 2.52 times the production cost of the place of origin. If the distribution process is gone through just twice, approximately what percent of the consumer price going through five times is the consumer price?

(But, $log2.52 = 0.4$, $log1.2 = 0.08$)

rest in mathematics

John Napier와 Henry Briggs(헨리 브리그스)

존 네이피어(1550~1617)

　Napier는 영국의 수학자로 스코틀랜드의 귀족 출신이다. 13세에 University of St. Andrews(세인트앤드루스대학)에서 공부하였고, 이후 프랑스에 유학하여 오랫동안 체재하다가 1608년 고국으로 돌아왔다. 수학 말고도 theology(신학), astrology(점성술) 등을 좋아하였는데, 특히 theology에서는 ardent(열렬)한 Protestant(신교도)로서 Pope(로마교황)와 그 authority(권위)에 protest(반대)하여《A Plain Discovery of the Whole Revelation of Saint John(성 요한 묵시록 전체에서의 소박한 발견)》을 발표하였다.

　수학자로서 Napier가 세운 가장 큰 업적은 logarithm의 발명이다. Astronomy에 유별난 관심을 보였던 그는 astronomy에 쓰이는 계산법이 너무 어려워서 더 쉽고 간편한 방법이 없을까 고민했다. 그러던 중 multiplication이 addition보다 훨씬 difficult(힘든)한 작업이라는 사실에 주목, multiplication을 addition으로 바꿀 수 있다면 큰 수의 calculation에 드는 effort(노력)와 time(시간)을 줄일 수 있을 것이라는 데 생각이 미쳤다. 그러한 생각과 고민의 결과물이 바로 logarithm이다. 그는 이를 1614년《Mirifici Logarithmorum Canonis Descriptio(경이적인 로그법칙의 기술)》라는 booklet(작은 책자)으로 발표하였다.

　그러나 Napier의 log formula(로그 공식)는 log1 ≠ 0이기 때문에 실제로 이용하기에는 불편한 점이 많았다. Napier가《Mirifici Logarithmorum Canonis Descriptio》를 발표한 그 이듬해 University of Oxford(옥스퍼드

대학)의 professor인 Henry Briggs가 그를 찾아왔다. 두 사람은 logarithm에 대해 서로 의견을 교환하였고, 그러던 중 log1의 값을 0, log10의 값을 적당한 10의 power(거듭제곱)로 하는 것이 더 편리하다는 데 agreement(합의)를 보았다. 이것이 현재 우리가 쓰고 있는 common logarithm(상용로그)의 시작이며 Briggsian logarithm(브리그스의 로그)이다.

그 뒤 Briggs는 logarithm의 연구에 전념하여 《Arithmetica Logarithmica(로그산술)》를 발표하였다. 이 책에는 1에서 2만까지와 9만에서 14만까지의 table of common logarithms(상용로그표)가 들어 있다. 그리고 그 뒤 2만에서 9만까지의 table of common logarithms를 보충하였다. Briggs의 《Arithmetica Logarithmica》 이후로 logarithm는 전 유럽에 퍼졌으며 현재 astronomy, engineering(공학), navigation(항해술)은 물론 상업적인 숫자 계산 등에서 널리 응용되고 있다.

복잡한 계산을 쉽게 — table of common logarithms

Napier와 Briggs의 노력으로 만들어진 logarithm을 이용하면 complicate(복잡)한 calculation을 얼마나 쉽고 간단하게 할 수 있는지 다음의 예를 보면 알 수 있다.

3.56×2.65를 계산할 경우 table of logarithms에서 $10^x = 3.56$인 x의 값을 찾으면 0.5514이고 $10^y = 2.65$인 y값을 찾으면 0.4232이다. 따라서 $3.56 \times 2.65 = 10^{0.5514} \times 10^{0.4232}$이므로 $10^{0.9746}$의 값을 table of logarithms에서 찾으면 그 값은 9.434라는 것을 알 수 있다.

Napier의 발명은 power나 radical root(거듭제곱근) 구하기 등 복잡한 계산을 엄청나게 편하게 해주었다. 물론 approximate value(근삿값)이지만 말이다. 그래서 지금까지 인류가 만든 '계산을 도와준 5가지 발명' 가운데

logarithm이 들어간다. 이 5가지란 abacus(주판), Indo-Arabic numerals(인도-아라비아 숫자), decimal point(소수점), logarithm 그리고 computer(컴퓨터)이다.

Napier와 도둑

Napier가 servant(하인)들 중 한 명이 물건을 훔쳐 간다는 사실을 알았을 때였다. 그는 하인들을 한자리에 불러 모아서는 "이 집에 도둑질을 하는 자가 있다. 그 thief(도둑)를 저기 깜깜한 chicken coop(닭장)에 있는 hen(닭)들이 알고 있다. 그러니 그 hen의 back(등)을 한 사람씩 두드리고 와라!"라고 하였다. Napier는 마을에서 magician(마법사)으로 불릴 만큼 신기한 발명도 많이 하고 탁월한 ability(능력)를 보였기에, servant들은 그의 말을 진심으로 믿고 자신의 innocence(결백)를 prove(증명)하기 위해 깜깜한 chicken coop 속으로 들어갔다. 그리고 잠시 뒤 chicken coop에 다녀온 servant들이 다시 Napier 앞에 모이자, 그는 "네가 culprit(범인)이다."라며 한 명을 spot(지목)했다.

사실은 Napier가 깜깜한 chicken coop 안에 있는 hen의 back에 검은 칠을 해놨는데, 그런 줄 몰랐던 culprit은 불안한 마음에 hen의 back을 만지지 않고 그냥 나와서 손이 깨끗했고, 다른 servant들은 검은색 칠이 손에 묻어 있었던 것이다.

Logarithm의 또 다른 발견자 Joost Bürgi(주스트 뷔르기)

수학에서는 special(특별)한 finding(발견)이나 invention(발명)이 마치 그런 발견의 시기가 무르익어서 터뜨리는 작업만 남아 있었던 것처럼, 두 사람 이상에 의해 동시에 이루어진 경우가 종종 있다. Logarithm의 발명과 관련해서는 Napier와 Bürgi가 그랬다. Bürgi는 스위스의 clockmaker(시계 제작자) 출신으로 나중에 카셀과 프라하에서 astronomical instruments(천문 기구)

제작자이자 수학자로 활동하였다. 그는 expo-
nentiation(지수화) 이론을 통해 algebraic(대수적)
한 접근 방법으로 logarithm을 고안해 table of
logarithms를 작성했는데, 이것은 Napier가
logarithm을 발표한 것보다 6년 늦은 1620년에
《Arithmetica Logarithmica》란 책으로 출판
됐다.

주스트 뷔르기(1552~1632)

Logarithm의 실생활 응용

(1) Acidity(산성도) Acidity는 solution(용액) 속에 녹아 있는 hydrogen ion(수소 이온)의 concentration(농도)에 의해 결정되며, 이 hydrogen ion의 concentration은 pH로 나타낸다. 그런데 acidity를 그냥 hydrogen ion의 concentration으로 나타낸 것이 아니라 concentration의 log value(로그 값)로 나타냈기 때문에 concentration이 10배 변할 때 pH는 겨우 1만큼 변한다. 왜냐하면 log value가 $\log 1 = 0$, $\log 10 = 1$, $\log 100 = 2$, …이기 때문이다. 이에 따르면 pH4인 acid rain(산성비)과 neutrality(중성)인, 즉 pH7인 물의 hydrogen ion의 concentration은 무려 1,000배나 차이가 난다. 그러니 strongly acid(강산성)라는 말이 어울릴 법하다.

pH는 0에서 14까지 있고 two extremes(양극단)의 hydrogen ion concentration 차이는 무려 100조 배에 이르니, 만약 logarithm이 없었다면 비의 acidity를 나타내기 위해 1부터 100조까지 엄청나게 big number(큰 숫자)를 동원해야 했을 것이다.

(2) Richter(리히터) Logarithm은 earth-quake(지진)의 seismic intensity(진도)를 나타내는 Richter scale(리히터 규모)에도 쓰인다. 미국의 geologist(지질학자)인 Charles Richter(찰스 리히터)의 이름에서 유래한 Richter scale은 seismic wave(지진파)의 amplitude(진폭)와 seismic center(진원)로부터

찰스 리히터(1900~1985)

의 distance(거리)를 이용하여 계산한다. 그런데 amplitude가 10배씩 커질 때마다 크게 차이가 나므로, logarithm을 이용하면 그 차이를 보다 쉽게 나타낼 수 있다. Logarithm으로 나타내면 earthquake의 amplitude가 10배씩 커질 때마다 earthquake의 scale은 1씩 increase(증가)한다.

이 경우 Richter scale이 1만큼 increase하면 energy(에너지)는 약 32배, Richter scale이 2만큼 increase하면 energy는 1,000배가 된다.

Earthquake는 사람이 거의 느끼지 못하는 것에서 도시를 파괴할 만큼 엄청난 위력을 가진 것에 이르기까지 energy 차이가 워낙 커서 logarithm을 이용하여 표현하게 된 것이다.

히로시마에 떨어진 atomic bomb(원자폭탄)의 energy를 Richter scale로 나타내면 대략 6.1이고, 1995년 일본 고베를 덮친 earthquake는 Richter scale 7.2라고 report(보도)되었다.

Earthquake로 인해 발생하는 energy를 E, 지진의 Richter scale을 M이라 할 때 $\log E = 11.8 + 1.5M$이다.

(3) Decibel(데시벨) 대도시에 가면 noise level(소음의 정도)을 decibel(dB)로 표시한 electronic display(전광판)를 볼 수 있다. Decibel은 intensity of sound(소리의 세기)를 intensity of standard sound(표준음의 세기)와 compare(비교)해서 logarithm으로 나타낸 것이다. Intensity of sound 역시 큰 차이를 보이기 때문에 logarithm으로 표현한다.

(4) Magnitude of star(별의 등급) Brightness of star를 나타내는 magnitude에도 logarithm이 쓰인다. Magnitude는 BC 150년경 그리스의 Hipparchos(히파르코스)가 brightest star(가장 밝은 별)를 first-magnitude star, 육안으로 겨우 볼 수 있는 star를 sixth-magnitude star라고 한 데서

비롯되었다. 그 뒤 1830년경 영국의 astronomer인 John Herschel(존 허셜)이 first-magnitude star의 brightness가 sixth-magnitude star의 100배라는 사실을 밝혀냈다. Based on these facts(이러한 사실들에 기초하여) magnitude와 brightness 사이의 관계를 표현할 수 있게 되었는데, 바로 이 formula에 logarithm이 활용된 것이다.

9

Sequences
수열

Everyday life(일상생활)에서 흔히 말하는 golden ratio(황금 비율), 식물의 잎사귀에서도 발견된다는 Fibonacci sequence(피보나치 수열)는 우리에게 멀리 있는 것 같아 보이지만, 사실은 보이지 않게 가까이 존재하고 있는 sequence이다.

basic concept

황금 비율을 찾다
Fibonacci Sequence

그레고리우스 레치의 《마가리타 필로소피카》(1503)에서

Leonardo Fibonacci(레오나르도 피보나치)는 Medieval times(중세)를 represent(대표)하는 수학자이다.

Fibonacci는 아버지가 피사의 상무관장(商務館長)이었던 덕에 어려서부터 계산법 등에 능했을 뿐 아니라 중동을 여행하던 merchant(상인)를 통해서 많은 mathematical works(수학 저작품)를 접하였다. 그러면서 인도-아라비아 수학의 practical superiority(실용적 우월성)를 깨닫고, 훗날 《Liber Abaci(주판서, 珠板書)》를 집필하여 Hindu-Arabic notation system(힌두-아라비아의 기호 체계)과 calculation methods(계산법)를 서부 유럽에 전달하였다. 《Liber Abaci》의 first edition(초판본)에는 토끼의 번식에 대한 다음과 같은 문제가 실려 있다.

한 농장에서 갓 태어난 a pair of rabbit(한 쌍의 토끼)을 사육하였다. A pair of rabbit이 every month(매달) a pair of rabbit을 낳고, 새로 태어난 a pair of rabbit은 자라서 그다음 달에 a pair of rabbit을 낳는다. 태어난 토끼가 죽지 않고 계속 산다면 일 년 뒤 토끼는 모두 몇 쌍이 되겠는가?

이 문제를 도표로 나타내면 다음과 같다.

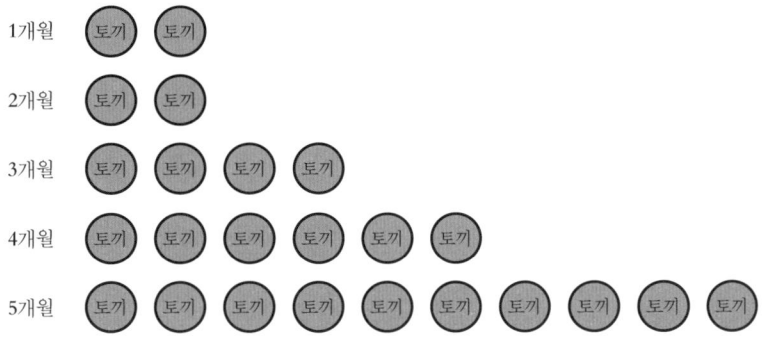

처음 두 달 동안은 1쌍의 토끼만 있지만 2개월 뒤에는 1쌍의 토끼가 새로 태어나 토끼는 2쌍으로 늘어나고, 3개월 뒤에는 첫 번째의 암토끼가 다시 1쌍의 토끼를 낳아 토끼는 3쌍으로 늘어나고, 4개월 후에는 2마리의 암토끼가 각각 1쌍의 토끼를 낳아 토끼는 모두 5쌍이 된다.

이러한 토끼 쌍의 증가를 sequence로 나타내면 1, 1, 2, 3, 5, …가 되며, 3항부터는 바로 앞 두 항의 합으로 indicate(표시)할 수 있게 된다. 따라서 1년 동안 태어나는 토끼 쌍의 수는 토끼가 농장에 온 첫날부터 12개월 후인 13번째 항의 수이므로 1, 1, 2, 3, 5, 8, 13, 21, 34, 55, 89, 144가 되고 마지막 두 항의 합은 233쌍이 되는 것이다.

이와 같이 처음 두 term(항)은 모두 1이고 세 번째 term부터는 바로 앞에 있는 두 term의 합으로 consist(구성)되는 sequence를 Fibonacci sequence라 하고 각 term의 수를 Fibonacci number라고 한다. Fibonacci number의 n번째 term을 f_n으로 나타내면 f_n은 다음과 같은 관계를 만족한다.

$f_1 = 1, f_2 = 1, f_n = f_{n-1} + f_{n-2}$ (단, $n \geq 3$)

이것이 바로 우리가 익히 들어 잘 알고 있는 Fibonacci sequence이다.

Fibonacci sequence는 여러 field(분야)에서 사용되고 있다. 우선 golden ratio(황금 비율)와 관련된 것부터 생각해보자. Golden ratio는 약 1.6을 말하는데, 우리 주변에 있는 액자, 책, 십자가, 신용카드 등의 horizontal ratio(가로 비율), vertical ratio(세로 비율)에 적용되고 있다. 일례로 credit card(신용카드)는 length(세로), width(가로)가 대개 5.3cm, 8.6cm로 비율이 1:1.607이다. Music(음악) 영역에서는 composer(작곡가)들이 composition(작곡)을 할 때 passage(악절)를 Fibonacci의 ratio(비)로 나눈다. Painter(화가)들이 그림을 그릴 때 golden ratio를 이용하여 horizon(수평선)이나 나무 등의 위치를 determine(정하다)하듯이 composer들은 theme(테마), mood(분위기), organizaion(짜임) 등의 시작과 끝을 정할 때 passage를 golden ratio로 나눈다. 이 기법은 Bach(바흐), Beethoven(베토벤)의 작품을 include(포함)하여 초기 church music(교회 음악)은 물론이고 modern music(현대 음악)에까지 두루 나타나고 있다.

Style of architecture(건축 양식)에서도 golden ratio를 찾을 수 있다. Golden section(황금 분할)은 이름 그대로 가장 아름답게 segment(선분)를 divide(분할)하는 방법으로, 우리나라에서는 '배흘림 기둥'으로 유명한 부석사 무량수전에서 이를 볼 수 있다. 즉 건물의 width와 length의 ratio가 1.618:1로 golden ratio이다. 이러한 golden ratio는 무위사의 극락전, 화엄사의 대웅전 등에서도 볼 수 있다. 서양 건축물의 대표적인 예로는 ancient Greeks(고대 그리스)시대에 지어진 Parthenon(파르테논 신전)을 들 수 있다. Parthenon에서 facade(정면)의 width와 height(높이)의 ratio가 바로 golden ratio이다.

그리고 밀로의 Venus(비너스)에는 무려 10곳에 golden ratio가 담겨 있다. 우선 navel(배꼽)을 기준으로 bust(상반신)와 lower half of the body(하반신)의 ratio가 1:1.618이고, bust만 놓고 보면 crown of the head(머리끝)에서 neck(목)까지와 neck에서 navel까지의 length의 ratio가 역시 golden ratio이다. Lower half of the body에서는 tiptoe(발끝)부터 knee(무릎)까지

와 knee부터 navel까지의 length의 ratio가 1:1.618이다.

Science(과학) 영역에서는 electrocardiogram(심전도)으로 measure(측정)한 인간의 heart beat(심장박동)이 golden ratio의 리듬을 따르고 있다. 정상적인 heart beat은 한 cycle(주기) 내에서 golden section이 된 지점에서 다시 작은 pulse(박동)가 일어나는데, 이는 atrium(심방)에서 ventricle(심실)로 이동할 때 생긴다. 한편 이 golden section이 heart(심장)가 건강한지 아닌지의 barometer(척도)가 된다고 주장하는 사람도 있다. 또 gene(유전자)의 structure(구조)는 double helix(이중나선)로 되어 있는데, 이 helix의 한 cycle이 width가 3.4 angstrom(옹스트롬)이고 length가 2.1 angstrom이어서 그 ratio가 1:1.619로 golden ratio에 가깝다.

밀로의 비너스 드로잉(파리 루브르 박물관 소장)

reading mathematics

수학에는 등차수열과 등비수열이라고 알려진 수열 또는 급수의 두 가지 주요 유형이 있다.

- 2, 4, 6, 8, …과 같은 수의 수열을 등차수열이라고 한다. 이 수열의 어느 한 수에서 바로 그 다음 수까지의 규칙을 계산할(figure out) 수 있는가? (2를 더하면 된다!)
- 2, 4, 8, 16, …과 같은 수의 수열은 등비수열이라고 한다. 이 수열에서 어느 한 수에서 그 다음 수를 어떻게 구할 수 있는가? (이번에는 2를 곱한다!)

등차수열은 각 항이 이전 항에 어떤 수를 더한 것(the one before it plus some number)이다. 예를 들면 5, 10, 15, 20, 25, 30, … 수열의 각 항은 이전의 항에 5를 더한 것이다.

그에 반해 등비수열 또는 급수(geometric sequence or series)는 각 항이 이전의 항에 일정 값을 곱한 것이다. 예를 들면 3, 6, 12, 24, … 각 항은 이전 항에 2를 곱한 것이다.

하지만 어떤 수열은 등차수열도 등비수열도 아닐 수 있다. 예를 들어 1, 2, 3, 2, 1, 2, 3, 2, …가 그렇다. 이 수열의 수는 모두 1씩 차이가 나지만(differ by 1), 어떤 때는 1이 더해지고 어떤 때는 1이 빼진다. 이것은 기본적으로 무작위 수열이므로 등차수열이 아니다. 또 어떤 항에서 다음 항을 구하기 위해 곱해지는 공통 값이 없으므로 등비수열도 아니다. 그렇지만 등비수열과 등차수열만큼 중요한 임의가 아닌 수열도 있다.

또 다른 수열은 삼각수의 수열이라고 한다. 이 수열은 점의 패턴으로 이루어졌고 삼각형을 만든다. 다른 열의 점들을 더하고 모든 점을 셈으로써 수열에서 다음 수의 집단을 구할 수 있다.

다음의 점으로 삼각형을 그려 보면서 구할 수 있다.

In mathematics there are two main types of sequences or series known as the Arithmetic Sequence and the Geometric Sequence.

- A sequence of numbers such as 2, 4, 6, 8, ⋯ is called an arithmetic series. Can you figure out the rule to get from one number in the series to the next? (You add two!)
- A sequence of numbers such as 2, 4, 8, 16, ⋯ it is called a geometric series. How do you get from one number to the next in this series? (This time you multiply by two!)

Arithmetic series are ones where each term is equal the one before it plus some number. For example: 5, 10, 15, 20, 25, 30, ⋯. Each term in the sequence equals the term before it with 5 added to it.

In contrast, a geometric sequence or series is one where each term equals the one before it multiplied by a certain value. An example would be 3, 6, 12, 24, ⋯. Each term is equal to the one before multiplied by 2.

However, some sequences may not be either arithmetic nor geometric. An example would be 1, 2, 3, 2, 1, 2, 3, 2, ⋯. The numbers in this sequence all differ by 1, but sometimes 1 is being added and other times it is being subtracted. Since it is essentially random the sequence is not arithmetic. Also, there is no common value being multiplied by one term to get the next, so the sequence is not geometric either. There are other non random sequences as well though, which are just as important as

점 1개, 점 3개, 점 6개, 점 10개, 점 15개, ….
또 다른 수열은 제곱수나 제곱수 수열로 이루어져 있다(is formed by).

1, 4, 9, 16, 25, 36, 49, 64, 81, ….

이 수열은 그 다음 수는 그 규칙에서 제곱하여 만들어진다. 예를 들어 두 번째 숫자는 2가 제곱된 수(2^2 또는 2×2)이며 일곱 번째 숫자는 7이 제곱된 수(7^2 또는 7×7)이다.

수열의 다섯 번째 예는 세제곱 수열이라고 부른다.

1, 8, 27, 64, 125, 216, 343, 512, 729, ….

이 수열에서 다음 수는 패턴 내에서 세제곱을 함으로써 만들어진다. 예를 들어 두 번째 숫자는 2가 세제곱 된 수(2^3 또는 $2 \times 2 \times 2$)이고 일곱 번째 숫자는 7이 세제곱된 수(7^3 또는 $7 \times 7 \times 7$)이다.

마지막으로 모든 수열 중 가장 유명한 수열은 피보나치 수열 또는 피보나치 급수로 알려진 것이다. 이 수열은 고대 인도 수학 저서에 설명되었음에도 불구하고 피사의 레오나르도가 이 급수에 일조한 것으로 인정받고(is credited with) 있다. 급수는 이렇게 생겼다.

0, 1, 1, 2, 3, 5, 8, 13, 21, 34, ….

1202년 피보나치는 실제로 토끼 사육에 이상적인 환경을 조성하여 수열을 발견하였다.

피보나치는 수컷 한 마리, 암컷 한 마리의 갓 태어난 토끼 한 쌍(a newly-born pair of rabbits)을 사육장에 들여놓는다고 가정하였다. 토끼는 1개월이 되면 짝짓기를 할 수 있으니 2번째 달 말에 암컷은 토끼 한 쌍을 낳을 수 있다. 토끼들이 죽지 않고 암컷이 2번째 달부터 매달 새로운 한 쌍의 토끼(수컷

the Arithmetic Sequence and the Geometric Sequence.

Another sequence is called the Triangular Number Sequence. It forms a pattern of dots that then form a triangle. By adding another row of dots and counting all the dots we can find the next number set in the sequence.

You can do this yourself below by drawing out triangles with:

1 dot, 3 dots, 6 dots, 10 dots, 15 dots, And so on⋯.

Another number sequence is formed by square numbers or Square Number Sequences.

1, 4, 9, 16, 25, 36, 49, 64, 81, etc.

The next number is created by squaring where it is in the pattern.

For example, the second number is 2 squared (2^2 or 2×2) and the seventh number is 7 squared (7^2 or 7×7) etc.

A fifth example of number sequences are called Cube Number Sequences.

1, 8, 27, 64, 125, 216, 343, 512, 729, etc.

The next number in this sequence is made by cubing where it is in the pattern. For example, the second number is 2 cubed (2^3 or $2 \times 2 \times 2$) and the seventh number is 7 cubed (7^3 or $7 \times 7 \times 7$) and so on.

Finally, the most famous of all sequences is known as the Fibonacci Sequence or the Fibonacci Series.

Although this sequence had been described in earlier Indian maths writings, Leonardo of Pisa known as Fibonacci is credited with this mathematical series. The series looks like this:

0, 1, 1, 2, 3, 5, 8, 13, 21, 34, and so on.

In the year 1202, Fibonacci actually figured out the number sequence using an ideal situation for breeding rabbits.

Fibonacci supposed that a newly-born pair of rabbits, one male,

타일에서 1, 1, 2, 3, 5, 8, …로 이루어진 피보나치 수열을 찾을 수 있다.

한 마리, 암컷 한 마리)를 낳는다고 가정하자. 피보나치가 떠올린 의문은 "1년 후에 몇 쌍이 될까?"였다.

피보나치 수열은 다음 수 이전의 두 수를 더함으로써 발견되었다. 예를 들어 2는 이전의 두 수를 더함으로써 발견되었다(1+1).

그리고 21은 이전의 두 수를 더함으로써 발견되었다(8+13).

그러므로 위 수열의 다음 수는 55가 된다(21+34).

수열의 n번째 항을 찾는 공식($F[n]$으로 표기)은 $F[n-1] + F[n-2]$이다.

(0, 1, 1, 2, 3, 5, 8, 13, 21, 34, 55, 89, 144, 233, 377, 610, 987, 1597, ….)

피보나치 수는 비가 2/1, 3/2, 5/3, 8/5, …에 가장 가까워지는 유리 함수 근사치를 포함하는 수학의 황금 비율과 관련이 있다.

피보나치 수열은 자연의 모든 곳에 나타나며, 당신은 이것을 보고 있다는 것을 깨닫지도 못한 채 보고 있다. 예를 들어 조개 껍데기의 나선형(황금 비율), 나무의 가지가 갈라지는 것, DNA 행렬의 형성, 잎차례(한 줄기에 있는 잎들의 배열), 파인애플의 배열, 아티초크(식용 식물의 한 종류)의 개화, 솔방울의 배열, 해바라기 꽃잎의 배열 등이 그것이다.

이것을 볼 때마다 당신은 피보나치의 수학적 위대함 한가운데에 있는 것이다!

one female, are put in a field. Since rabbits are able to mate at the age of one month, at the end of its second month a female can produce another pair of rabbits. Supposing that the rabbits never die and that the female always produces one new pair (one male, one female) every month from the second month on. The question that Fibonnaci asked was, "How many pairs will there be in one year?"

The Fibonacci Sequence is found by adding the two numbers before each next number together. For instance, the 2 is found by adding the two numbers before it (1+1).

Then, the 21 is found by adding the two numbers before it (8+13).

So, therefore the next number in the sequence above would be 55 (21+34).

Remember that the formula to find the nth term of the sequence (denoted by $F[n]$) is $F[n-1] + F[n-2]$

(0, 1, 1, 2, 3, 5, 8, 13, 21, 34, 55, 89, 144, 233, 377, 610, 987, 1597, ⋯.)

Fibonacci numbers are related with the golden ratio in mathematics which includes the closest rational approximations to the ratio being 2/1, 3/2, 5/3, 8/5, ⋯.

The Fibonacci sequence appears everywhere in nature and you have seen it without even realizing what you were looking at. For example, the spiraling of a shell(the golden ratio), the branching off of trees, how a DNA matrix is formed, Phyllotaxis(the arrangement of leaves on a single stem), arrangement of a pineapple, the flowering of an artichoke, the arrangement of a pine cone, the arrangement of petals on a sunflower, etc.

You are in the midst of Fibonacci mathematical greatness wherever you choose to look!

problem solving

문제 1 어떤 세포는 분열을 할 때 그 상태가 X, Y에서 1분 후에 X 또는 Y로 다음과 같이 변한다.

> 1) X는 Y로 변한다.
> 2) Y는 X와 Y 두 개로 분리된다.

처음에 X세포가 두 개 있다면, 10분이 지난 후 X세포와 Y세포의 총 개수는?

문제 2 수열 f_n이 피보나치 수열일 때, $f_1^2+f_2^2+\cdots+f_n^2=f_n f_{n+1}$을 증명하여라.

문제 3 피보나치 수열이 나타나는 예를 일상생활에서 찾아 설명하라.

➡ 문제풀이는 255쪽에

Example 1 When a cell divides, in a minute the state changes into X or Y from X, Y as follows:

1) X changes into Y.
2) Y is separated into X and Y.

At first when there are two X cells, what is the total cell number of X and Y in ten minutes?

Example 2 When f_n is Fibonacci sequence, prove $f_1^2+f_2^2+\cdots+f_n^2=f_n f_{n+1}$.

Example 3 Find examples of Fibonacci sequence from our daily life and explain.

rest in mathematics

Leonardo Fibonacci(레오나르도 피보나치)

레오나르도 피보나치(1180?~1250?)

Fibonacci는 이탈리아의 수학자이다.

Arabian mathematics(아라비아 수학)를 익히고 이를 이탈리아에 introduce(소개)하여, 그리스도교계 여러 나라의 수학을 revive(부흥)시켰다.

아버지가 북부 아프리카 부지항(港)에 있는 피사의 commerce minister(상무관장)여서 어렸을 적부터 abacus(주판) 사용에 능했으며, 이슬람교 학교에서 algorism(아라비아 기수법)을 배웠다. 그 뒤 Egypt(이집트), Syria(시리아), Greece(그리스), Sicily(시칠리아) 등지를 여행하며 여러 가지 system of calculation(계산법)을 습득하고 피사로 돌아와《Liber abaci》를 집필하였다.

《Liber abaci》는 Arabia의 arithmetic(산술) 및 algebra(대수학)를 다루고 있으며, 발간 후 수세기 동안 유럽 여러 나라에서 original text of mathematics(수학의 원전) 구실을 하였다. 이 책은 basically(근본적)하게는 독창적인 research(연구)지만, Fibonacci가 al-Khwārizmī(알콰리즈미, 9세기 페르시아계 수학자로 그의 이름에서 algorism이란 용어가 비롯되었다)와 Abū Kāmil(아부 카밀, 10세기경에 활약한 이집트 수학자)의 영향을 받았음을 보여준다.

Fibonacci와 관련해 재미있는 anecdote(일화)가 하나 있다. 생전에 그는 자신이 쓴 글에 종종 'Leonardo Bigollo'라고 서명했다고 한다. 그런데 이 bigollo에는 traveler(여행자)와 idiot(얼간이)이라는 두 가지 meaning(뜻)이 있다. 실제로 Fibonacci는 travel bug(여행광)였다. 그리고 전해지는 이야기에 따르면 그가 new number system(새로운 수 체계)에 관심을 가졌기 때문에 많은 사람이 그를 idiot이라 불렀고, 그는 그들에게 idiot도 무엇인가를 성취할 수 있다는 것을 보여주기 위해 이렇게 서명하기를 즐겼다고 한다.

Fibonacci sequence와 golden ratio

Fibonacci sequence 1, 1, 2, 3, 5, 8, …에서 연속한 term들의 ratio를 나열하면 다음과 같은 sequence를 얻을 수 있다.

$$\frac{1}{1}, \frac{1}{2}, \frac{2}{3}, \frac{3}{5}, \frac{5}{8}, \frac{8}{13}, \cdots$$

이 sequence가 다음 limit(극한)에 converge(수렴)함을 mathematically(수학적)하게 밝히면 다음과 같다.

$$r = \frac{\sqrt{5}-1}{2}$$

이것이 또는 이것의 inverse number(역수)가 바로 유명한 golden ratio인데, 2000여 년 전 Greek(그리스 사람)들이 만든 ratio이다. Greek들은 segment(선분) AC를 그 위의 dot(점) B로 $\frac{\overline{AB}}{\overline{BC}} = \frac{\overline{BC}}{\overline{AC}}$가 되도록 analyze(분석)할 때 segment AC는 dot B에 의해 golden ratio로 divide된다고 말했다. 이 경우에 $\frac{\overline{AB}}{\overline{BC}}$와 $\frac{\overline{BC}}{\overline{AC}}$는 각각 r과 같다.

사람의 눈에 가장 좋게 보이는 rectangle(직사각형)은 "length에 대한 width의 ratio가 golden ratio r"일 때라는 psychological experiment(심리학 실험)의 result(결과)가 있다.

Golden rectangle(황금 직사각형)이라 부르는 이 rectangle은 dynamic symmetry(역학적 대칭)로 알려진 technique of art(미술 기법)에서 매우 중요하

다. Golden ratio와 golden rectangle은 Greek architecture(그리스 건축)와 pottery(도기)에서 볼 수 있으며, 오늘날에도 sculpture(조각), architectural design(건축 설계), furniture design(가구 도안), typesetting(조판) 등에 응용되고 있다. 또한 George Bellows(조지 벨로스) 같은 유명한 미술가를 포함해 수많은 미술가들이 dynamic symmetry의 principle을 광범위하게 사용하고 있다.

Fibonacci sequence의 수학적 응용

Fibonacci sequence는 수학의 다른 분야에서 unexpected(예상치 못한)한 상황에 활용되기도 한다. 일례로 주어진 두 natural number(자연수)의 greatest common divisor(최대공약수)를 찾는 division algorithm(호제법) 또는 Euclid algorithm(유클리드 알고리즘)이라 부르는 계산 과정이 있다. 이 계산 과정에는 일련의 division(나눗셈)이 요구되는데, division의 횟수는 주어진 두 natural number의 크기에 비해 relatively(비교적)하게 작다. 'division의 횟수를 미리 알 수 있을까?' 하는 자연스러운 의문이 생길 수 있다. 이에 대한 답은 Ramée(라메)가 다음과 같이 간결하게 정리했다. "두 natural number의 greatest common divisor을 찾는 데 필요한 division의 횟수는 둘 중 작은 수의 자릿수의 5배보다 결코 클 수 없다." 그런데 이 theorem(정리)의 proof(증명)에 Fibonacci sequence의 성질 몇 가지가 활용되고 있다.

Fibonacci sequence와 이것의 성질에 대한 literature(문헌)은 incredibly(믿을 수 없을 정도로)하게 많으며 점점 더 많아지고 있다. 실제로 1963년 미국 캘리포니아에서는 Fibonacci sequence의 big fan(광팬)들이 The Fibonacci Association(피보나치협회)을 창설하여 《피보나치 계간지》를 발행하기 시작했다. 이 journal(잡지)을 통해 처음 3년 동안 1,000쪽에 달하는 논문이 출판됐으며 1968년에는 세 권의 책을 펴내기도 했다. 이 같은 enthusiastic(열광적)한 activity(활동)는 현재까지도 계속되고 있다.

Tower of Hanoi란?

Tower of Hanoi(하노이의 탑)는 a kind of puzzle(퍼즐의 일종)이다. 간단히 설명하면 세 개의 pillar(기둥)에 various size(다양한 크기)의 plate(원판)들이 꽂혀 있는데, 큰 plate가 아래쪽에 있고 그 위로 작은 plate들이 pile up(쌓다)되어 있다. 다음 두 가지 조건을 만족시키면서, 한 pillar에 꽂힌 plate들을 그 순서 그대로 다른 pillar로 옮겨서 새로 pile up하는 것이 바로 Tower of Hanoi다.

1. 한 번에 하나의 plate만 옮길 수 있다.
2. 큰 plate가 작은 plate 위에 있어서는 안 된다.

Tower of Hanoi는 recursion(반복)을 이용하여 풀 수 있는 가장 famous(유명)한 example(예) 중 하나다. 그래서 프로그래밍 수업에서 algorithm(알고리즘)의 example로 많이 사용한다. 일반적으로 plate가 n개일 때, 2^n-1번의 이동으로 plate들을 모두 옮길 수 있다. 여기서 2^n-1은 Mersenne number(메르센 수)다.

Tower of Hanoi 문제와 풀이는 프랑스의 수학자 Édouard Lucas(에두아르 뤼카)가 N. Claus professor(클라우스 교수)라는 pen name(필명)으로 1883년에 발표하였고, 그로부터 1년 뒤 Henri de Parville(헨리 드파르빌)이 Claus가 Lucas의 anagram(애너그램, 단어를 구성하고 있는 문자의 순서를 바꾸어 다른 단어를 만드는 놀이)임을 밝혔다.

Lucas가 이 문제에 Tower of Hanoi이라는 이름을 붙인 이유는 명확하지 않으나, 당시 프랑스의 colony(식민지)였던 베트남의 Hanoi를 symbolize(상징)하는 국기 탑에서 유래하였을 것으로 presume(추정)된다. 이후 Walter William Rouse Ball(월터 윌리엄 라우즈 볼), Martin Gardner(마틴 가드너) 등이 Tower of Hanoi를 소개하면서 널리 알려졌다.

10

Sequences and Series
수열과 급수

일반적으로 empty set(공집합)이 아닌 set(집합) A에 대하여 natural number(자연수)의 set N에서 A로의 function(함수) $f:N \Rightarrow A$를 A에서의 sequence(수열)라고 한다. 이때 f의 image(상)를 차례로 set으로 나타내면 $\{f(1), f(2), f(3) \cdots, f(n) \cdots\}$이 되는데, 이것을 sequence라고 한다.

한편 series(급수)는 series이기도 하지만 그 자체로 하나의 sequence 이기도 하다. 예컨대 sequence $\{a_n\}$의 첫째 항부터 n항까지의 합을 S_n이라고 하면 $\{S_n\}$ 또한 sequence가 된다는 말이다.

basic concept

숫자들의 행진
Sequences and Series

역사적으로 sequence는 이미 **Babylonia era**(바빌로니아 시대) 때부터 사용되었다. **Babylonian**(바빌로니아인)은 sequence의 이해를 넘어서 series의 sum(합)을 구하는 방법까지 알고 있었다. 19세기 중반 이후 **Mesopotamia**(메소포타미아) 지방에서 BC 2400년경부터 BC 1300년경 사이에 만들어진 것으로 assume(추정)되는 50만여 개의 clay tablet(점토판)이 발견되었는데, 그중 약 300개는 수학에 관한 것이다. 미국의 수학사학자 **Otto E. Neugebauer**(오토 노이게바우어)는 루브르 박물관의 clay tablet에 다음과 같은 series에 관한 문제가 있는 것을 발견하였다.

$1+2+2^2+2^3+\cdots+2^9=2^{10}-1$

또 다른 clay tablet에는 $1^2+2^2+3^2+\cdots+10^2=385$와 같은 sequence of squares(제곱 수열)의 sum 문제도 있었다.

메소포타미아 지방의 점토판에서 밝혀낸 바빌로니아 숫자.

이로 보아 Babylonian은 geometric series(등비급수)와 square number(제곱수)의 sum을 구하는 방법을 알고 있던 것으로 추측된다. 또 $\sqrt{2}$의 approximate value(근삿값)로 다음과 같이 calculate(계산)된 clay tablet도 발견되었다.
$$1 + \frac{24}{60} + \frac{51}{60^2} + \frac{10}{60^3} = 1.41421296\cdots$$
사실 series는 sequence가 발달하면서 infinity(무한대)로 가게 되면 어떻게 되고 그것의 sum은 무얼까 하는 의문으로부터 출발하였다. Series란 용어는 그리스의 Pythagoreans(피타고라스학파 사람들)가 처음으로 사용하였으며, infinite series(무한급수)란 용어는 1671년에 James Gregory(제임스 그레고리)가 처음으로 사용하였다. 이 시기 영국에서는 무한급수를 뜻하는 용어로 infinite sequence가 사용되고 있었다.

Infinite geometric series(무한등비급수)의 sum을 처음으로 구한 사람은 Archimedes(아르키메데스)로 그는 다음과 같이 infinite geometric series의 sum을 구하였다.
$$1 + \frac{1}{4} + \left(\frac{1}{4}\right)^2 + \cdots + \left(\frac{1}{4}\right)^n + \cdots$$
사실 infinite geometric sequence(무한등비수열) $a, ar, ar^2, \cdots, ar^{n-1}, \cdots$ (단, $0 < r < 1$)의 sum을 구하는 일반 formula(공식)를 맨 처음 구한 사람은 François Viète(프랑소와 비에트)다. Viète와 Gregory 이후로 Newton(뉴턴)과 Leibniz(라이프니츠)가 calculus(미적분학)를 발견하고 급속도로 발전시켰지만 sequence의 series에 대해서는 여러 가지 confusing(혼란스럽다)한 상황이 전개되었다. 18세기 이탈리아의 수학자 Grandi(그란디)는 infinite alternating series(무한교대급수)를 연구하였는데, $1-1+1-1+1-1+\cdots$의 sum이 $\frac{1}{2}$이 될지 어떠할지에 대해 고민하였다. 이때 $\frac{1}{2}$이라는 값은 처음의 n term(항)의 partial sum(부분합)의 두 값을 arithmetic mean(산술평균)을 한 결과다. Grandi는 Leibniz와 편지를 주고받으면서 series에는 기적에 비유할 만한 paradox(역

설)가 보인다고 말했다. 그는 series를 두 term씩 정리하면 $\frac{1}{2}$=1-1+1-1+⋯
=(1-1)+(1-1)+(1-1)+⋯=0+0+0+⋯와 같이 나타나므로 이 식은 무(無)로
부터의 창조를 상징하는 것으로 보았다. 또 대수학자인 Euler(오일러)조차도
$\frac{1}{0}$=∞, $\frac{1}{\infty}$=0을 아무 의심 없이 사용하면서 $1+\frac{1}{2}+\frac{1}{3}+\frac{1}{4}+\cdots=\infty$라고 결론지
었다. 실제로 $\frac{1}{0}$은 정의를 내릴 수도 없고 infinity(무한대)라는 답을 내릴 수도
없다.

이러한 일화는 infinite series의 convergence(수렴성)에 대해 의문이 제기
되면서 sequence의 convergence(수렴)와 divergence(발산)에 관한 문제들
로 많은 수학자들을 괴롭혔다. 수학자들이 "Divergence를 하는 series는
악마의 발명품이다."라고 말할 정도였다.

현재 sequence는 real life(실생활) 여기저기서 활용되고 있다. 물론 series
도 많이 활용되고 있다. Compound interest(복리이자) 문제나 installment
savings(적금)가 그 예이다. 우리가 거래하고 있는 은행 상품의 경우 얼마만큼
의 interest(이자)가 붙는지, 그것이 benefit(득)이 되는지 어떤지, 또 loan(대출)
할 때 interest rate(이율)에 따라 얼마만큼의 intrest를 내야 하는지 면밀히
따져봐야 하기 때문이다. 물론 증권 분야에서도 매일매일 전 세계에서 이용
되고 있다.

그뿐 아니다. 건축, 예술 분야에서의 golden ratio는 물론이고 그 외 우리
가 인식하지 못하는 많은 곳에서 sequence와 series는 우리와 함께 살아가
고 있다.

• **Power series**(멱급수)

'멱급수'는 영어로 power series이다. 여기서 power는 '거듭제곱'의 의미를
가진다. 따라서

$$f(x)=\sum_{n=0}^{\infty} a_n(x-c)^n = a_0 + a_1(x-c)^1 + a_2(x-c)^2 + a_3(x-c)^3 + \cdots$$

위의 식이 멱급수라 표현되는 것은 자연스럽게 보인다.

하지만 멱급수라는 term(용어)만 듣고서는 그것이 무엇을 의미하는지는 '절대' 알 수 없다. 멱급수에서 '멱'을 한자로 옮기면 '덮을' 멱(冪)인데, 이는 옛날 중국에서 몽골족이 trailer(이동식 집)로 사용하던 파오를 표현하던 글자이다. 그런데 이것이 어떻게 power series를 뜻하는 용어가 되었을까?

그것은 중국의 수학자들이 서양에서 건너온 power series를 Chinese characters(한자어)로 무어라 할지 고심하던 중 power의 발음이 '파오'와 비슷하다는 이유로 멱(冪) 자를 쓰게 된 데서 연유한다.

몽골의 파오

reading mathematics

      수학에서 수열은 각 항이 다른 모든 항들에 대해 앞에 오든 뒤에 오든 순차적인 방식으로 순서화된 대상(또는 사건)의 목록이다. 더 정확하게는(More formally), 수열은 정의역이 양의 정수의 집합과 동일한(equal to) 함수이다.
  그리고 급수는 항들의 수열의 합이다. 즉 급수는 수열의 각 항 사이에 덧셈 연산을 포함한 수들의 목록이다.

수열

  집합처럼 수열은 항(또는 원소)을 포함하고 정돈된 원소(무한일 수 있다)의 수는 수열 길이(the length of the sequence)라고 한다. 집합과는 달리, 수열에서는 순서가 중요하며 같은 원소가 다른 위치에 여러 번 등장할 수 있다. 수열은 이산함수이다.
  예를 들어 순서가 중요한 것처럼 (C, R, Y)는 (Y, C, R)과는 다른 문자열이다. 수열은 이처럼 유한할 수도 있고 모든 양의 정수의 짝수 $(2, 4, 6, \cdots)$과 같이 무한할 수도 있다. 때때로 유한수열은 문자열이나 문자들로(as strings or words) 알려져 있고 무한수열은 계속 이어지는 줄로(as streams) 알려져 있다. 비어 있는 수열 (   )은 대부분 수열 개념에 포함되나 문맥에 따라 제외될 수 있다.
  등차수열은 연속하는 두 수의 차가 일정한 수의 수열을 말한다.
  예: $2, 4, 6, 8, 10, \cdots$ 은 공차가 2인 등차수열이다.
  만약 등차수열의 첫 항이 a_1이고 공차가 d라면 수열의 n번째 항은 다음과 같다.
  $a_n = a_1 + (n-1)d$
  주어진 수열의 부분 수열이란 남아 있는 항들의 상대적인 위치를 어지럽

In mathematics, a sequence is a list of objects (or events), which have been ordered in a sequential fashion; such that each member either comes before, or after, every other member. More formally, a sequence is a function with a domain equal to the set of positive integers.

And a series is a sum of a sequence of terms. That is, a series is a list of numbers with addition operations between them.

Sequence

Like a set, a sequence contains members (also called elements), and the number of ordered element (possibly infinite) is called the length of the sequence. Unlike a set, order matters, and exactly the same elements can appear multiple times at different positions in the sequence. A sequence is a discrete function.

For example, (C, R, Y) is a sequence of letters that differs from (Y, C, R), as the ordering matters. Sequences can be finite, as in this example, or infinite, such as the sequence of all even positive integers $(2, 4, 6, \cdots)$. Finite sequences are sometimes known as strings or words and infinite sequences as streams. The empty sequence ( ) is included in most notions of sequence, but may be excluded depending on the context.

An arithmetic sequence is a sequence of numbers such that the difference of any two successive members of the sequence is a constant.

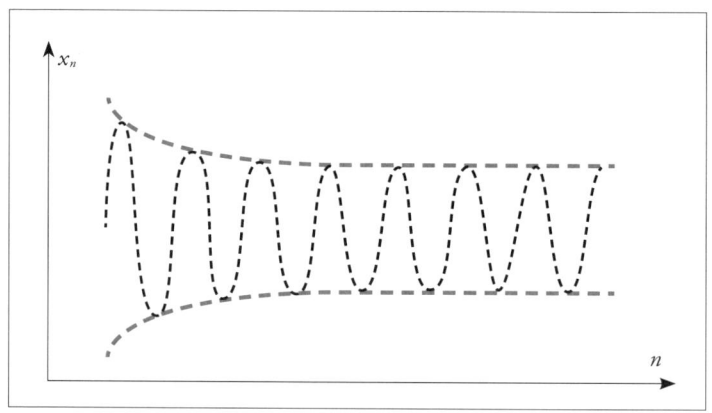

실수의 무한수열 그래프(검은 점들의 스트림). 실수의 무한수열은 증가하지도, 감소하지도, 한곳으로 모이지도 않는다.

히지 않으면서 기존의 수열의 몇 개의 항을 없애는 것으로 만들어지는 수열이다.

만약 수열의 항이 정수라면 수열은 정수 수열이다.

만약 수열의 항이 다항식이라면 수열은 다항식 수열이다.

수열의 가장 기본적인 형태는 수로 표시된, 즉 실수나 복소수의 수열이다. 이 형식은 벡터 공간의 원소들로 이루어진 수열로 일반화될 수 있다. 해석학에서 벡터 공간은 보통 함수 공간으로 여겨진다. 더 일반적으로, 위상 공간에서 원소들의 수열을 연구할 수 있다.

급수

등차급수는 한 등차수열의 합이다. 첫 항 a_1과 마지막 항 a_n을 더하고 이 두 값의 평균을 구하기 위해 2로 나눈 뒤 항의 개수 n을 곱하여 그 합을 구한다.

$$S_n = \frac{n}{2}(a_1 + a_n)$$

예: 다음의 등차급수 $1, 2, 3, \cdots 99, 100$의 합을 구하라.

Example: 2, 4, 6, 8, 10, ⋯ is an arithmetic sequence with the common difference 2.

If the first term of an arithmetic sequence is a_1 and the common difference is d, then the nth term of the sequence is given by:

$a_n = a_1 + (n-1)d$

A subsequence of a given sequence is a sequence formed from the given sequence by deleting some of the elements without disturbing the relative positions of the remaining elements.

If the terms of a sequence are integers, then the sequence is an integer sequence.

If the terms of a sequence are polynomials, then the sequence is a polynomial sequence.

The most elementary type of sequences are numerical ones, that is, sequences of real or complex numbers. This type can be generalized to sequences of elements of some vector space. In analysis, the vector spaces considered are often function spaces. Even more generally, one can study sequences with elements in some topological space.

Series

An arithmetic series is the sum of an arithmetic sequence. We find the sum by adding the first, a_1 and last term, a_n, divide by 2 in order to get the mean of the two values and then multiply by the number of values, n:

$S_n = \dfrac{n}{2}(a_1 + a_n)$

풀이: 총 100개의 항을 가지고 있으므로 $n=100$이다. 첫 항이 1이고 마지막 항이 100이다. 이 값들을 위 공식에 대입하여 다음을 구한다.

$$S_{100} = \frac{100}{2}(1+100) = 5050$$

테일러 정리

테일러 정리는 1712년 이 정리를 발표한 수학자 브룩 테일러의 이름을 따서 명명되었다(is named after). 테일러 정리는 입문 수준의 미적분학을 알려주는 것으로 수학적 분석에서 가장 중요한 기초 수단 중 하나다.

특정 조건을 만족시키는 어떤 함수는 테일러 급수(테일러 급수는 한 점에서 주어진 함수의 도함수 값으로부터 산출된 항들의 무한 합으로 함수를 표현한 것이다)로 표현 가능함을 테일러 정리가 말해준다.

$$f(x) = f(a) + f'(a)(x-a) + \frac{f''(a)}{2!}(x-a)^2 + \frac{f'''(a)}{3!}(x-a)^3 \cdots$$
$$+ \frac{f^{(n)1}(a)}{n!}(x-a)^n + \cdots = \sum_{n=0}^{\infty} \frac{f^{(n)1}(a)}{n!}(x-a)^n$$

(단, $f(x)$는 a에서 미분가능하며 무한번 미분가능하다.)

브룩 테일러(1685~1731)

테일러 급수의 유한개 항으로 함수를 근사시키는 방법은 일반적인 것이다. 테일러 정리는 이 근사값에서 오차의 양적 추산치를 제공한다. 어떤 함수의 테일러 정리 초기 유한개의 항은 테일러 다항식이라고 부른다. 어떤 함수의 테일러 급수는, 극한이 존재한다고 한다면(provided that the limit

Example: Find the sum of the following arithmetic series 1, 2, 3, ⋯ 99, 100.

Solution: We have a total of 100 values, hence $n=100$. Our first value is 1 and our last is 100. We plug these values into our formula and get.

$$S_{100} = \frac{100}{2}(1+100) = 5050$$

Taylor's theorem

Taylor's theorem is named after the mathematician Brook Taylor, who stated a version of it in 1712. Taylor's theorem is taught on introductory level calculus courses and it is one of the central elementary tools in mathematical analysis.

Taylor's theorem states that any function satisfying certain conditions may be represented by a Taylor series (a Taylor Series is representation of a function as an infinite sum of terms that are calculated from the values of the function's derivatives at a single point).

$$f(x) = f(a) + f'(a)(x-a) + \frac{f''(a)}{2!}(x-a)^2 + \frac{f'''(a)}{3!}(x-a)^3 \cdots$$
$$+ \frac{f^{(n)1}(a)}{n!}(x-a)^n + \cdots = \sum_{n=0}^{\infty} \frac{f^{(n)1}(a)}{n!}(x-a)^n$$

(But $f(x)$ is differentiated at x and infinitely differentiable.)

It is common practice to approximate a function by using a finite number of terms of its Taylor series. Taylor's theorem gives quantitative estimates on the error in this approximation. Any exists), 함수의 테일러 다항식의 극한이다. 어떤 함수의 테일러 급수가 모든 점에서 수렴된다고 해도 함수는 그것의 테일러 급수와 같지 않을 수 있다. 개구간(또는 복소평면의 원판)에서 테일러 급수와 같은 함수는 해석함수로 알려져 있다.

finite number of initial terms of the Taylor series of a function is called a Taylor polynomial. The Taylor series of a function is the limit of that function's Taylor polynomials, provided that the limit exists. A function may not be equal to its Taylor series, even if its Taylor series converges at every point. A function that is equal to its Taylor series in an open interval (or a disk in the complex plane) is known as an analytic function.

problem solving

문제1 어느 해 초에 1,000만 원을 빌려 쓰고, 그해 말부터 매년 일정한 금액을 갚아 20회로 모두 상환하려고 한다. 연이율 6%로 하여 1년마다 복리로 계산할 때, 한 번에 얼마씩 갚으면 되는지 구하여라. (단 $1.06^{20}=3.21$, 1만 원 미만은 반올림한다.)

문제2 다음 그림과 같이 한 변의 길이가 n인 정삼각형을 한 변의 길이가 1인 정삼각형으로 나눌 때 만들어지는 꼭지점의 개수를 $a_1, a_2, a_3, \cdots$ 이라 하자. 이 때, a_{20}의 값은?

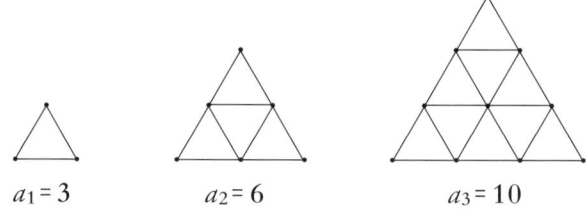

$a_1=3$ $a_2=6$ $a_3=10$

문제3 규현이는 여행을 하는데 첫날은 40km를 가고 다음 날은 첫날 간 거리의 $\frac{1}{2}$에 10km를 더 간다. 또 다음 날은 전날 간 거리의 $\frac{1}{2}$에 10km를 더 간다. 이와 같이 계속 여행한다면 규현이가 200km를 여행하게 되는 것은 며칠째인가?

➡ 문제풀이는 257쪽에

Example 1 At the beginning of a year, a person who borrowed 10 Mil won plans to pay back the debt by 20 installments from the end of the year. If the annual interest rate is 6% and annually computed at compound rate, find the value of how much he or she needs to pay back at a time. ($1.06^{20}=3.21$, Round up the number under 10,000 won.)

Example 2 Let's say the number of vertexes made when a regular triangle in which the length of one side is n is divided by a regular triangle in which the length of one side is 1 is $a_1, a_2, a_3,$ ... as shown in the picture below. Find the value of a_{20}.

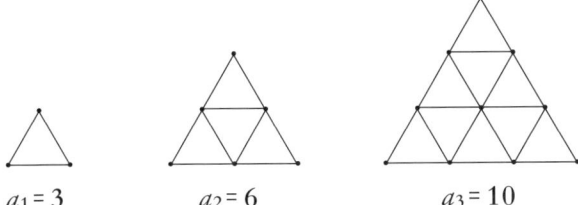

$a_1 = 3$ $a_2 = 6$ $a_3 = 10$

Example 3 On the first day Gyuhyun travels 40 km and the next day goes further by 10 km plus 1/2 of the distance he traveled. Also, the day after, he goes further by 10 km plus 1/2 of the distance he traveled the day before. If Gyuhyun keeps traveling in this way, after how many days will he travel 200 km?

rest in mathematics

Taylor(테일러)와 Maclaurin(매클로린)

Brook taylor(브룩 테일러)는 영국의 저명한 수학자로 University of Cambridge(케임브리지대학)를 나왔다.《Methodus Incrementorum directa et inversa(중분법, 增分法)》에서 Taylor's theorem(테일러의 정리)을 밝혔다. Taylor's theorem을 series로 전개한 것이 Taylor series(테일러 급수)이다. 그러나 Taylor의 deduction(도출)만으로는 series의 convergence에 관한 설명이 inadequate(불충분)하였다.

Taylor 사후인 1742년 Colin Maclaurin(콜린 매클로린)이 infinite series의 고찰로 이것을 정식화하고《Treatise on Fluxions(유율법, 流率法)》에 기술하였다. Series의 expansion(전개)에 관한 그의 설명은 현재 Maclaurin's theorem(매클로린의 정리) 또는 Maclaurin's series(매클로린의 급수)로 널리 알려져 있다.

콜린 매클로린(1698~1746)

Maclaurin's theorem은 1755년 Euler가《Institutiones Calculi Differentiali(미분학 원리)》에 응용하면서 그 중요성과 의의가 세상에 알려졌으며, 이후 Joseph Lagrange(조제프 라그랑주)가 Euler의 설명에 잉여항을 add(추가)하고 Cauchy(코시)가 다시 prove(증명)하는 등 지속적인 연구와 발전으로 현재에 이르고 있다.

Sequence에서 sum을 나타내는 기호 Σ

Sequence 또는 series의 sum을 나타낼 때는 흔히 기호 Σ를 사용한다. 예를 들면 sequence $\{a_n\}$의 첫째 항부터 제n항까지의 합을 $\sum_{x=1}^{n} a_x$와 같이 나타낸다.

기호 Σ는 1755년 스위스의 수학자인 Euler가 처음으로 사용하였다. Σ는 영어의 S에 해당하는 그리스 알파벳인 sigma(시그마)의 capital(대문자)이다. 이런 이유에서 기호 Σ를 '시그마'라고 읽는다. Euler가 '합 구하기'를 나타내는 라틴어 summam(영어로는 summation)의 첫 글자인 S 대신에 그리스 알파벳인 Σ를 택한 것은 아마도 S가 다른 의미로 사용되고 있었기 때문일 것으로 추측된다. 하지만 그 당시에는 S가 sequence의 sum을 나타내는 데 더 널리 사용되고 있었다. 그러다가 19세기 초반에 프랑스의 수학자 Fourier(푸리에)와 독일의 수학자 Jacobi(야코비) 등이 Σ를 사용하면서 일반적으로 받아들여지게 되었다.

한편 Σ의 small letter인 σ가 standard deviation(표준편차)을 나타내기 위해 사용되기도 했는데, 기호 σ 역시 '시그마'라고 읽는다. 그러나 누가 언제부터 σ를 standard deviation이라는 의미로 사용하기 시작했는지는 분명하지 않다. 최근에는 standard deviation의 의미로 기호 σ 대신에 기호 S를 더 많이 사용하고 있다.

동성동본 불혼은 nonsense(넌센스)

우리 민족은 family tree(족보)를 중히 여겨 the same surname and the same family origin(동성동본) 간 marriage(결혼)를 strictly(엄격)하게 ban(금지)하고 있다. 하지만 이런 혼인 금지 제도를 유지한다고 하여 blood relative(혈족)의 purity(순수성)가 preserve(보존)되는지에 대해서는 의문이다.

누구에게나 반드시 부모가 있는 법이고 그 부모에게도 또 각각의 부모가 있다. 이렇게 본다면 2대는 $2^2=4$명이고 3대가 되면 $2^3=8$명, 4대가 되면

2^4=16명이 된다. 더 나아가 10대째에 이르면 2^{10}=1,024명, 20대째에 이르면 2^{20}=1,048,576명이 나온다. 한 generation(세대)을 30년으로 보면, 조선 건국 이후 600년간을 20대로 estimate

(어림잡다)할 수 있다. 그렇다면 현재 대한민국에 살고 있는 사람은 누구나 모두 100만 명 이상의 ancestors(조상)를 가지고 있는 셈이다. 삼국 시대, 고려 시대까지 거슬러 올라가면 훨씬 더 많은 ancestors가 있다는 conclusion(결론)이 나온다.

만약 누군가의 ancestors가 순전히 다른 family name(성씨, 姓氏)하고만 결혼해왔다면 10대 후에는 분명히 결혼할 상대가 없을 것이다. Blood relative의 purity란 mathematical calculation(수학적 계산)상으로는 가능하지 않다. 우리 모두가 relatives(친척)이고 그야말로 한 핏줄이라는 것이 거짓 없는 mathematical logic(수학적 논리)의 conclusion인 까닭이다. 한마디로 the same surname and the same family origin 간 혼인 금지 주장은 수학적으로 볼 때 아무런 의미가 없는 obstinacy(옹고집)에 불과하다.

행운의 편지

누구나 한 번쯤 받아봤을 chain letter(행운의 편지)의 요지는 이러하다. "이 편지를 읽은 사람은 일주일 안에 일곱 사람에게 이와 똑같은 편지를 보내야 한다. 그러지 않으면 불행이 따를 것이다." 그런데 이 chain letter가 수학과 무슨 관련이 있을까?

요즘은 letter보다는 text message(문자 메시지)가 대세이니, chain text message(행운의 문자 메시지)로 바꾸어 생각해보자. 한 사람이 적어도 세 사람한테 text message를 보낸다고 suppose(가정)하자. 이 text message를 받은 사람들은 각각 또 다른 세 사람에게 한 시간 이내에 동일한 text message를 보낸다. 단, 이 text message를 중복되게 받은 사람은 없다. 그러면 24시간 뒤 chain text message를 받은 사람은 다음과 같이 늘어나게 될 것이다.

$1+3^1+3^2+3^3+\cdots+3^{23}+3^{24}$

여기서 우리는 geometric sequence(등비수열)의 sum과 같은 식을 얻게 된다. 그리고 이를 계산하면 다음과 같다.

$\dfrac{(3^{25}-1)}{3-1}=423{,}644{,}304{,}721$

24시간이 지나면 무려 4,000억 명이 넘는 사람이 chain text message를 받게 되는 것이다. 지구상의 population(인구)은 현재 67억 명이 약간 넘는 것으로 estimate(추정)된다. 그러므로 전 세계 모든 사람이 chain text message를 받기까지 걸리는 시간은 21시간에 불과하다. 21시간 후면 전 세계 population인 67억 명을 훨씬 초과하는 15,690,529,804명이 chain text message를 받게 된다.

11

Limit and Calculus
극한과 미적분

✦

"Sequence(수열) $\{a_n\}$에서 n이 한없이 커질 때, a_n의 value(값)가 일정한 value a에 한없이 가까워지면 sequence $\{a_n\}$은 a에 convergence(수렴)를 한다."라고 하고, 이 value a를 sequence $\{a_n\}$의 limit value(극한값) 또는 limit(극한, 극한값)이라고 하며, 기호로는 $\lim_{n \to \infty} a_n = a$로 나타낸다.

> basic concept

더욱 풍요로운 수학의 세계
Limit and Calculus

Ancient Greek era(고대 그리스 시대)에는 limit의 개념이 rectangular figure(직선형체) 및 curved figure(곡면형체)의 area(넓이)를 구하는 과정에서 사용되었다. 첫 번째 등장하는 limit은 그리스 초기에 Sophist(소피스트)들이 "circle(원)을 square(정사각형)화하는" 문제를 해결하는 과정에서 엿볼 수 있다. Sophist들은 circle에 square를 inscribe(내접)시킨 뒤에 각 side(변)에 isosceles triangle(이등변삼각형)을 작도하여 circle에 inscribe한 regular octagon(정팔각형)을 만들고, 이와 같은 과정을 계속 repeat(반복)한다면 circle과 거의 일치하는 충분히 많은 side를 가진 polygon(다각형)을 만들 수 있으며 이때 만들어진 polygon은 square로 transform(변환)이 가능하므로 결국 circle은 square화될 수 있다고 생각했다. 물론 이는 modern mathematics(현대 수학)의 입장에서 보면 contradiction(모순)을 내포하고 있지만, 그 당시로서는 소박한 형태의 limit 개념을 가지고 있었다고 간주할 수 있다.

두 번째 등장하는 limit은 Democritus(데모크리토스)가 infinitesimal(무한소)을 이용하여 circular corn(원뿔)의 volume(부피)을 구하는 과정에서 등장한다. 그는 Infinitesimal인 disk(얇은 원판)들의 무한 sum으로 volume을 구하였지만, actual infinity(실무한, 實無限)를 인정하지 않았던 Aristotle(아리스토텔레스)로 인해 공식적으로 recognize(인정)되지 못하였다.

이후 limit은 Zenon(제논)의 paradox(역설)에 부딪히게 되는데, 이를 해결하기 위해 등장한 방법이 method of exhaustion(착출법)이다. Method of

라파엘로가 그린 〈아테네 학당〉. 고대 그리스 시대의 경제적 풍요로움과 함께 학문적인 성장과 풍성함의 일면을 보여준다.

exhaustion이란 임의의 양에서 반 이상을 없애는 과정을 반복한 결과 주어진 양에서 어떤 작은 양보다 작은 어떤 양이 남을 것이라는 생각을 반영한 방법이다. Method of exhaustion을 사용할 때 infinite(무한)를 avoid(피하다)하기 위해 reduction to absurdity(귀류법)를 사용하였는데, 이는 사전에 결과를 미리 알고 있어야 한다는 뜻이므로 limit을 찾는 데 있어서는 effective(효과적)하지 못한 방법이었다.

Limit에 대한 fundamental concept(기본 개념)은 1680년대 Newton(뉴턴)과 Leibniz(라이프니츠)에 의해 establish(정립)되었다. Newton은 actual infinity의 존재를 accept(인정)하지 않고, potential infinity(가능적 무한)를 수용하는 method of limits(극한 방법)를 택하였다. 그는 저서 《Principia(프린키피

고트프리트 라이프니츠(1646~1716)

아)》에서 geometrical method(기하학적 방법)를 사용하여 limit에 관한 theorems(정리들)를 제시하였으나 precise(엄밀)한 것은 아니었다. 그와 거의 같은 시기에 Leibniz는 limit 개념을 다루는 한 방법으로 infinitesimal인 수를 introduce(도입)하였다. 이후 그의 뒤를 이은 Euler(오일러)는 intuitive(직관적)한 limit 개념을 이용하여 엄밀성이 결여되었다는 criticism(비판)을 받았고, 엄밀한 proof(증명)에 대한 foundation(기초)을 제공하기에 충분한 것은 어디에도 없었다.

Intuitive한 limit 개념의 한계를 overcome(극복)한 엄밀한 formalization(형식화)은 19세기에 비로소 이루어졌다. Cauchy(코시)가 limit을 calculus(미적분)의 foundation으로서 그 theoretical(이론적)한 근거를 부여한 것이다. Calculus는 이러한 limit 방법을 사용해 상당한 development(발전)를 이루었다. 18세기까지는 infinitesimal을 아주 작은 고정된 수로 생각했다면 Cauchy는 infinitesimal을 variable(변수)로 취급하였다. 그는 기존의 intuitive한 limit 개념에서 탈피하여 현대적인 limit 개념에 가까운 definition(정의)을 내렸다.

사실 limit은 in the blink of an eye(눈 깜박할 사이)에 지나가는 시간과 같다. 이런 limit을 과연 왜 배워야 하는 것일까? 우리는 학교에서 sequence를 배우고 series를 배우고, 그러고 나서 limit을 배운다. Limit이라는 것은 "closer and closer(조금씩 조금씩) sequence가 어딘가로 approach(다가가다)하게 되면 그 sequence는 결국 어디에 도달하는가?" 하는 question(의문)에서 시작되었다. "과연 divergence(발산)를 할 것인가, convergence(수렴)를 할 것인가?" 그에 따라 limit이라는 것은 결국 differential(미분)과 integral(적분)의 중요한 발판이 된다. Differential과 integral은 실생활에서는 물론 과학에서도 많이 쓰이지만 limit은 그렇지가 않다. Limit은 단지 계산의 도입에서 쓰이고 결국 differential과 integral로 들어가는 관문과 같은 role(역할)을 할 뿐이다.

Sequence와 series가 limit으로 이어지고 다시 differential과 integral로 넘어가는 과정은 매우 자연스럽다. Consequently(결과적으로) 우리는 calculus를 배우기 위해 이 모든 것을 go through(거치다)하는 것이다.

reading mathematics

수학에서 '극한'의 개념은 $f(x)$의 x나 a_n의 n이 어떤 값에 다가갈 때 함수나 수열이 '접근'하는 값을 설명하는 데 사용된다. 극한은 미적분학(그리고 일반적으로 수학적 분석)에 필수적이며(essential to calculus) 연속과 도함수, 적분을 정의하는 데 쓰인다.

공식에서 극한은 보통 $\lim(a_n)=a$에서의 lim로 표시되며, 극한에 접근한다는 사실은 $a_n \to a$에서처럼 오른쪽 화살표($\to$)로 표시된다.

다음의 식은 x가 c값에 접근할 때 함수 $f(x)$는 L값에 접근하는 것을 보여준다.

$$\lim_{x \to c} f(x) = L$$

미적분은 극한의 개념을 기본으로 한다. 위의 표기에서 우리는 구하려고 하는 함수와 지향하고 있는 x(또는 t)값이 주어진다는 것을 알게 된다. 때로는 바로 해결할 수 없어도(you can't work something out directly), 근접하게 될수록 답이 무엇인지 알 수 있다!

예를 들어 $(x^2-1)/(x-1)$에서

$x=1$ 일 때 $(1^2-1)/(1-1)=(1-1)/(1-1)=0/0$이다.

하지만 $0/0$은 그 값을 결정할 수 없는 '부정(不定)'이다. $x=1$로 계산하려고 하는 대신 조금씩 더 가까이 접근해보자.

x	$(x^2-1)/(x-1)$
0.5	1.50000
0.9	1.90000
0.99	1.99000
0.999	1.99900
0.9999	1.99990
0.99999	1.99999
...	...

In mathematics, the concept of a "limit" is used to describe the value that a function or sequence "approaches" as the x of $f(x)$ or n of a_n approaches some value. Limits are essential to calculus (and mathematical analysis in general) and are used to define continuity, derivatives, and integrals.

In formulas, limit is usually abbreviated as lim as in $\lim(a_n)=a$, and the fact of approaching a limit is represented by the right arrow (→) as in $a_n \to a$.

The following expression states that as x approaches the value c the function approaches the value L.

$$\lim_{x \to c} f(x) = L$$

Calculus is based on the idea of a limit. In the notation above we will note that we always give the function that we're working with and we also give the value of x (or t) that we are moving in towards. Sometimes you can't work something out directly ⋯ but you can see what it should be as you get closer and closer!

For example: $(x^2-1)/(x-1)$

At $x=1$: $(1^2-1)/(1-1)=(1-1)/(1-1)=0/0$

But 0/0 is "indeterminate", meaning we can't determine its value. But instead of trying to work it out for $x=1$ let's try approaching it closer and closer:

x	$(x^2-1)/(x-1)$
0.5	1.50000

이제 우리는 x가 1에 가까워질수록 $(x^2-1)/(x-1)$이 2에 가까워지는 것을 볼 수 있다.

우리는 이제 흥미로운 상황에 직면했다(faced with).

- $x=1$일 때, 답은 알 수 없고 그것은 정확하게 규정되지 않는다.
- 답이 2에 근접한다는 것을 보일(증명할) 수 있다.

하지만 우리는 답을 '2'로 할 수 없다. 그래서 수학자들은 '극한'이라는 특별한 단어를 사용하여 정확히 무엇이 어떻게 되어가는지를 표현한다.

x가 1에 가까워질 때 $(x^2-1)/(x-1)$의 극한은 2이다.

그리고 다음과 같이 쓴다.

$$\lim_{x \to 1} \frac{x^2-1}{x-1} = 2$$

이것은 "그 값을 넣었을 때는 무엇이 되는지 모르지만 가까워질수록 답은 2에 근접한다."는 말을 특별히 표현하는 방식이다.

예시 문제

때로 식의 극한값을 찾는 것은 단순히 수를 대입하는 것을 의미한다.

예시 A: $P=3t+7$에서 t가 10에 접근할 때 극한을 구하라.

순서:

1) 우리는 이것을 극한 표기법을 사용하여 표현한다: $\lim_{t \to 10}(3t+7)$
2) 이 예에 문제가 될 것은 없다—우리는 단순히 대체하여 쓰면 된다.

$$\lim_{t \to 10}(3t+7) = (3 \times 10 + 7) = 37$$

예시 B: x가 3에 근접할 때 $f(x)=4x$의 극한을 구하라.

0.9	1.90000
0.99	1.99000
0.999	1.99900
0.9999	1.99990
0.99999	1.99999
...	...

Now we can see that as x gets close to 1, then $(x^2-1)/(x-1)$ gets close to 2

We are now faced with an interesting situation:

- When $x=1$ we don't know the answer (it is indeterminate)
- But we can see that it is going to be 2

We want to give the answer "2" but can't, so instead mathematicians say exactly what is going on by using the special word "limit".

The limit of $(x^2-1)/(x-1)$ as x approaches 1 is 2

And it is written in symbols as:

$$\lim_{x \to 1} \frac{x^2-1}{x-1} = 2$$

So it is a special way of saying, "ignoring what happens when you get there, but as you get closer and closer the answer gets closer and closer to 2."

Sample problems

Sometimes, finding the limiting value of an expression means

순서:

1) x를 3으로 대입한다.

2) 단순화

$f(x)=4x$는 $f(3)=4(3)=12$이 된다.

그러므로 x가 3에 근접할 때 $f(x)=4x$의 극한은 12이다.

예시 C: 다음의 극한을 구하라.

$\lim_{x \to 1} (x^2+5x-3)=2$

위와 같은 순서를 따른다.

(x^2+5x-3)
$=1^2+5\times 1-3$
$=3$

그러므로 x가 1에 근접할 때 x^2+5x-3의 극한은 3이다.

simply substituting a number.

Sample A: Find the limit as t approaches 10 of the expression $P=3t+7$.

Steps:

1) We write this using limit notation as: $\lim_{t \to 10}(3t+7)$

2) In this example there is no complication—we simply substitute and write

$$\lim_{t \to 10}(3t+7) = (3 \times 10 + 7) = 37$$

Sample B: Find the limit of $f(x)=4x$, as x approaches 3.

Steps:

1) Replace x for 3.

2) Simplify.

$f(x)=4x$ becomes $f(3)=4(3)=12$.

So, the limit of $f(x)=4x$ as x approaches 3 is 12.

Sample C: Find the limit.

$$\lim_{x \to 1}(x^2+5x-3)=2$$

Follow the same steps as above.

(x^2+5x-3)
$= 1^2 + 5 \times 1 - 3$
$= 3$

So, the limit of x^2+5x-3 as x approaches 1 is 3.

problem solving

문제1 수렴하는 무한수열 a_n에 대하여

$$a_1=3,\ a_{n+1}=\frac{4n(3n+2)}{(3n-1)(3n+1)} - 3a_n\ (n=1,\ 2,\ 3\cdots)$$

이 성립할 때, $\lim_{x\to\infty} a_n = a$ 이다. a의 값을 구하시오.

문제2 높이가 h인 곳에서 수직으로 지면에 떨어뜨리면 $\frac{4}{5}h$만큼 튀어오르는 공이 있다. 이 공을 높이 h인 곳에서 수직으로 지면에 떨어뜨렸을 때, 공이 정지할 때까지 움직인 거리는?

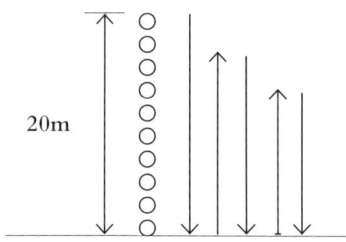

Example 1 About converging infinite sequence a_n when $a_1=3$, $a_{n+1}=\dfrac{4n(3n+2)}{(3n-1)(3n+1)} - 3a_n \,(n=1, 2, 3\cdots)$ is valid, then $\lim\limits_{x \to \infty} a_n = a$. Find the value of a.

Example 2 There is a ball which bounces back by $\dfrac{4}{5}h$ when it is vertically dropped into the ground from the place which is h high. When this ball was dropped vertically into the ground from the place which is h high, what is the distance it moved until it stops?

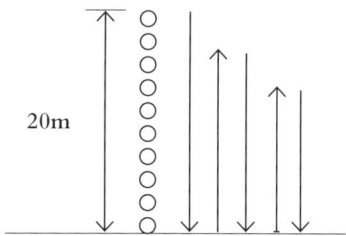

문제 3 길이가 1인 삼각형 ABC가 있다. 그림과 같이 각 선분을 3등분한 다음, 가운데 선분을 한 변으로 하는 정사각형을 그리고, 가운데 선분을 지워 만든 도형을 S_1이라 하자. S_1의 선분 중 원래의 선분에서 남아 있는 두 선분을 각각 3등분한 다음, 가운데 선분을 한 변으로 하는 정사각형을 그리고, 가운데 선분을 지워 만든 도형을 S_2라 하자. S_2의 선분 중 원래의 선분에서 남아 있는 네 선분을 각각 3등분한 다음, 가운데 선분을 한 변으로 하는 정사각형을 그리고, 가운데 선분을 지워 만든 도형을 S_3이라 하자. 이와 같은 과정을 계속 반복하여 n번째 만든 도형을 S_n이라 하고, S_n에 있는 모든 선분의 길이의 총합을 a_n이라 하자. 이때 $\lim\limits_{x \to \infty} a_n$ 의 값을 구하라.

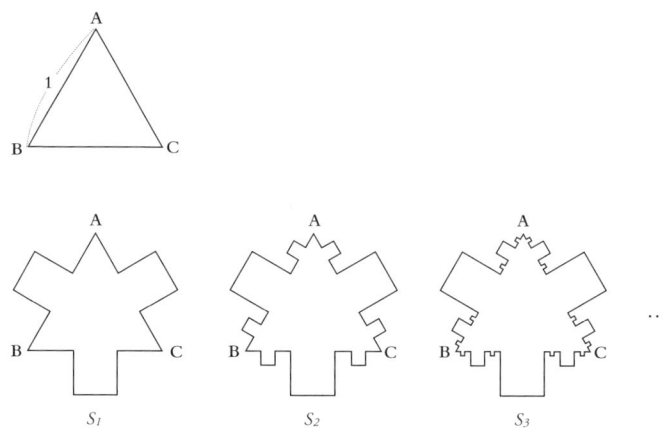

➡ 문제풀이는 **259쪽**에

Example 3 There is a triangle ABC the length of which is 1. As shown in the picture, trisect each segment and draw a square with the middle segment being one side and let's say the figure made by removing the middle segment is S_1. After trisecting two remaining segments each from the original segment of S_1 segment, draw a square with the middle segment being one side and let's say the figure made by the middle segment is S_2. Trisect four remaining segments each from the original segment of S_2 and draw a square with the middle segment being one side and let's say the figure made by removing the middle segment is S_3. Repeat this process and let's say that the n th figure is S_n and the sum of the length of all segments in S_n is a_n. Now find the value of $\lim_{x \to \infty} a_n$.

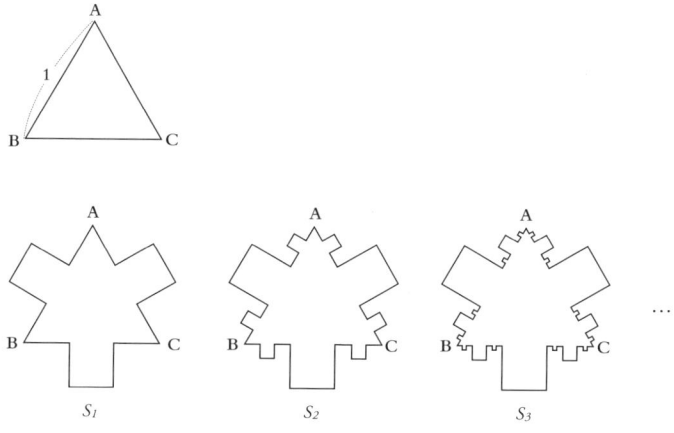

rest in mathematics

Karl Weierstrass(카를 바이어슈트라스)

카를 바이어슈트라스(1815~1897)

Karl Weierstrass는 독일의 수학자이다. University of Bonn(본대학)에서 commerce (상업)와 law(법률)를 공부하고 University of Münster(뮌스터대학)에서 Christoph Gudermann(크리스토프 구더만)에게 사사하여 타원함수론을 연구하였다. 그 후 Gymnasium(김나지움)의 교사로 재직하며 paper(논문)를 발표하다가 1856년 Technical University of Berlin(베를린공과대학)의 초빙을 받아 이후 professor(교수)로서 종신토록 재직했다. 그는 용의주도하게 준비된 lecture(강의)로 reputation(명성)이 자자했을 뿐 아니라 학생들에게 특히 인기가 있었다.

Weierstrass가 발표한 유수의 논문 중 complex variable(복소변수)의 analytic function(해석함수)에 대한 concept(개념)은 Georg Riemann(게오르그 리만)의 concept과 자주 비교됐는데, Weierstrass가 엄밀한 해석적 표현을 중시한 데 반하여 Riemann은 geometric(기하학적)하고 physical(물리학적)한 intuition(직관)에 rely on(의존)하였다. 그의 가장 큰 contribution(공헌)은 power series(멱급수)로서 theory of functions of complex variables(복소함수론)의 foundation을 이룬 일이다. 그의 수학적 연구 업적은 이후 calculus of variations(변분법) 연구, 미분할 수 없는 continuous function(연속함수) 제시 등에 커다란 영향을 끼쳤다.

limit을 나타내기 위한 기호

Sequence 또는 series의 limit value를 나타낼 때는 기호 lim을 사용한다. 이를테면 infinite sequence(무한수열) $\{a_n\}$의 limit은 $\lim_{n \to \infty} a_n$ 과 같이 나타내고 기호 lim는 '리미트'라고 읽는다. lim은 극한을 의미하는 limit의 첫 세 글자이다. 이 기호는 1841년에 독일의 수학자 Weierstrass가 처음으로 사용한 것으로 추정된다.

Weierstrass가 기호 lim을 사용하기는 했지만, 오늘날과 같은 완벽한 형태로 사용한 것은 아니었다. 그는 1854년에 $\lim_{n \to \infty} p_n = \infty$와 같은 기호를 사용했다. Weierstrass 이전에도 이와 similar sign(유사한 기호)을 사용한 수학자들이 있었다. 기호의 father(원조)는 스위스의 수학자 L'huilier(루이리에)로 보인다. 1786년에 출간된 그의 책에 lim.(축약을 의미하는 점(•)이 붙어 있다)이 사용되었다. 이 기호가 이후 널리 사용되면서 점이 떨어져나가 Weierstrass의 기호로 정착된 것으로 보인다.

한편 기호 lim에 sequence의 항의 수 n이 infinity(무한대) ∞로 접근한다는 것 또는 independent variable(독립변수) x가 어떤 a값에 infinitely(무한)하게 접근한다는 것을 나타내는 $n \to \infty$, $x \to a$가 붙은 기호 $\lim_{n \to \infty}$, $\lim_{x \to a}$는 1908년 영국의 수학자인 Godfrey Hardy(고트프리 하디)의 책에서 처음으로 사용되었다. 그러나 이 기호 역시 Hardy가 독창적으로 고안한 것이 아니다. Hardy 이전에도 $\lim_{n \to \infty}$, $\lim_{x \to a}$과 같은 기호가 사용되었는데, Leathem(리담)이 1905년에 limit으로의 접근을 나타내기 위해 도입한 →를 Hardy가 adopt(채택)하면서 Hardy의 기호가 만들어진 것이다.

고트프리 하디(1877~1947)

e를 최초로 발견한 Jakob Bernoulli(자코브 베르누이)

Compound interest(복리이자)에 관한 문제는 기본적인 수학 지식만 있으면 표현이 가능하다. Bernoulli는 이 sequence에 관해 더 자세히 알아보고 싶었다.

$(1+\frac{1}{1})^1, (1+\frac{1}{2})^2, (1+\frac{1}{3})^3 \cdots$

Bernoulli는 간단해 보이는 이 sequence가 끝없이 계속되면 어떻게 될까 궁금했다. 그래서 그 value가 계속 커질 것인지, 0으로 줄어들 것인지, 또는 아무 규칙도 발견되지 않을 것인지 연구하기 시작했다. 각각의 항목을 계산해보면 다음과 같은 결과가 나타난다.

2, 2.25, 2.37, 2.44, 2.488, 2.52, ⋯.

이 수열의 100번째 value는 2.704이다. 뒤로 갈수록 그 value는 우리가 알고 있는 e에 가까워진다. 수학에서는 이를 다음과 같이 표현한다.

$\lim_{n \to \infty}(1+\frac{1}{n})^n = e$, 즉 n이 커질수록 equality(등식)의 value는 e에 가까워진다.

e의 usefulness(유용성)

e는 수학 중심부에 있는 신비한 irrational number(무리수)이다. 그 값은(처음 20자리까지 나타낸다면) 2.71828182845904523536이다. e는 golden ratio나 원주율 pi(π)처럼 널리 쓰이지는 못했다. 또 irrational number $\sqrt{2}$처럼 살인의 원인이 되지도 않았고(고대 그리스의 학자 히파소스가 2의 제곱근을 유리수로 나타낼 수 없다는, 즉 무리수라는 사실을 발견했는데, 당시에는 유리수만을 진짜 수로 인정하는 분위기였기에 그는 곧 이단으로 치부되었고, 일설에 의하면 피타고라스학파에 의해 죽임을 당했다고

한다.) **binary notation**(이진법)처럼 컴퓨터의 **invention**(발명)에 큰 힘이 되지도 않았다. 하지만 e의 **importance**(중요성)는 여러 번 강조해도 부족할 정도인데 대부분의 위대한 수학적 개념들이 e를 사용해 탄생할 수 있었기 때문이다. **Computer**(컴퓨터)가 있기 전에는 정확한 계산을 위해 e를 사용했다. 또 e가 없었다면 수세기 동안 이루어진 **science**와 **technology**의 발전은 불가능했을 것이다. 자동차나 비행기는 물론 **Computer** 역시 이 세상에 존재하지 못했을 것이다.

12

Set Theory
집합론

Set(집합)의 important value(중요한 가치)는 infinite(무한)을 하나의 수학적 entity(실체)로 취급했다는 점인데, set에서 어떤 부분은 전체와 같은 크기를 가지며, infinite에도 작은 infinite와 큰 infinite가 있어서 number of elements(원소의 개수)가 무한히 많을 때에도 대소의 comparison(비교)이 가능하다.

Set은 수학의 whole process(모든 과정)의 초기에 배우는 만큼 important(중요)한 위치를 차지하고 있다.

basic concept

추상적인 대상을 수학적 대상으로
Set

수학에서 set과 set 사이의 관계를 instinctively(직관적)하게 확인하는 tool(도구)인 Venn diagram(벤 다이어그램)의 최초 창안자는 17세기 독일의 계몽철학자이자 정치가였던 Gottfred Leibniz(고트프리트 라이프니츠)라 할 수 있다. 그는 circle과 같은 simple closed curve(단일 폐곡선)를 논리적인 proposition(명제)의 study(고찰)에 본격적으로 이용하였다. 이후 18세기에 이르러 스위스의 Leonhard Euler(레온하르트 오일러)가 이러한 diagram(도해)을 aggressively(적극적)하게 활용하고 보급했으며, 이를 made a breakthrough(비약적으로 발전시키다)한 수학자는 19세기 영국의 논리학자이자 철학자인 John Venn(존 벤)이다. 우리가 알고 있는 Venn diagram의 앞 글자인 'Venn'은 바로 수학자 Venn의 이름에서 따왔다. Venn은 set의 수에 따라 basic framework(기본적인 틀)을 정하고 plane(평면)이 서로 exclusive(배타적)한

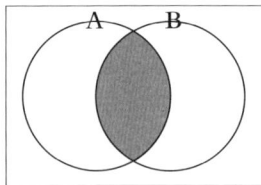

Intersection of two set
(두 집합의 교집합):
$A \cap B$

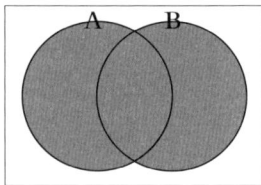

Union of two sets
(두 집합의 합집합):
$A \cup B$

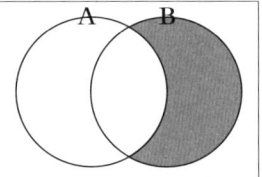

Relative complement of A in B
(B 차집합 A):
$A^c \cup B = B - A$

부분으로 나뉘도록 하여 diagram에 logicality(논리성)를 부여하였다.

 Venn diagram을 통해 set의 연산 법칙의 validity(타당성)를 알아보는 것은 그림에 의존하므로 엄밀하지는 않지만, interpretation(해석) 규칙에 따라 set 사이의 관계가 truth(참)임을 보이는 방법이므로 proof(증명)로 볼 수 있다.

Set은 왜 만들어졌을까?

 Set이 modern mathematics(현대 수학)에서 well-established(확고부동)한 position(위치)을 차지하게 된 것은 그리 오래된 일이 아니다. Set theory(집합론)는 독일의 수학자 Georg Cantor(게오르크 칸토어)에 의해 창시되어 체계화되었다.

 그런데 Cantor는 도대체 무엇을 하려고 그 당시에는 unfamiliar(생소)했던 set theory를 연구한 걸까? 그가 set theory를 create(만들다)하고 study(연구)한 goal(목적)은 바로 infinite의 성질을 determine(규명)하기 위해서였다. 당시 학교에서는 finite set(유한집합)만을 다루었으므로 학생들은 set의 calculation 같은 것이 그들이 배울 수 있는 전부라고 생각했을지 모른다.

 Set은 infinite을 보다 systematically(조직적)하게 다루기 위해 create된

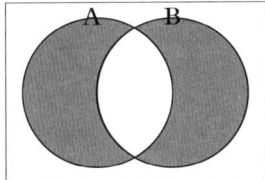

Symmetric difference
of two sets
(두 집합의 대칭차집합):
$A \triangle B$

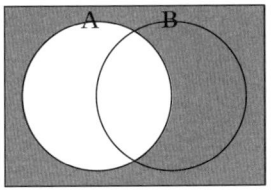

Absolute complement:
of A in U
(전체 집합 U에서 A의 여집합):
$A^c = U - A$

innovative(획기적)한 아이디어였다. 즉 set이 modern mathematics에서 necessarily(필수적)하게 다루어지는 중요한 이유는 "set이란 essential(본질적)한 것만을 pay attention(주목)하게 하는 tool"로, 수학의 여러 concept을 set의 term(용어)을 사용하여 명확하게 나타낼 수 있기 때문이다.

Mathematical induction(수학적 귀납법)

Natural number(자연수) n에 관한 어떤 proposition(명제) $P(n)$에서 proposition $P(n)$이 임의의 natural number n에 대하여 성립하는 것을 prove(증명)하려면 다음 두 가지를 prove하면 된다.

(1) $P(1)$이 성립한다.
(2) 명제 $P(k)$가 성립한다고 가정하면, $P(k+1)$도 성립한다.

이와 같이 (1), (2)의 2단계에 의해서 주어진 proposition $P(n)$이 모든 natural number에 대해 성립함을 보이는 증명법을 mathematical induction(수학적 귀납법, 완전귀납법)이라고 한다.

도미노 같은 mathematical induction

Domino(도미노)의 원리는 응원할 때의 surfing(파도타기)처럼 the first row(첫 번째 열)가 일어나면 곧이어 the second row(두 번째 열), the third row(세 번째 열)가 일어나듯 repeatedly(반복적)하게 일어나는 phenomenon(현상)과 같다. 또 disease(병)가 퍼지는 infection(전염), chemistry(화학)의 chain reaction(연쇄반응)도 domino와 같은 현상으로 받아들일 수 있다.

Domino의 원리를 mathematical induction으로 prove하고자 한다면 $P(1)$을 "처음 stick(막대)이 fall down(넘어지다)하는가?" 그리고 가정을 "어떤 stick이 fall down하면 그다음 stick이 fall down하는가?"라는

question(질문)으로 바꿀 수 있다. 이 두 단계가 모두 fact(사실)이면 모든 stick이 fall down한다고 conclude(단정)할 수 있는 것이다. 첫 번째 stick이 fall down한다는 fact는 꼭 필요한 fact이다. 아무리 잘 쌓은 domino라고 할지라도 첫 번째 stick이 fall down해야 그다음 stick이 fall down하기 때문이다. 또 어떤 stick이 fall down했을 때 그다음 stick이 반드시 fall down한다는 fact 역시 필요하다. 만약 domino를 잘못 쌓아서 어떤 stick이 중간에 fall down하지 않는다면 domino가 fall down하는 것을 멈출 것이다.

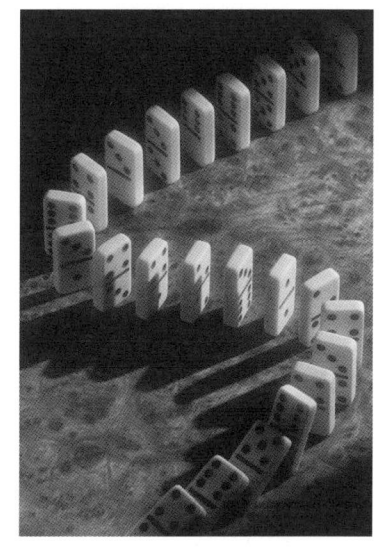

reading mathematics

집합론은 수학의 주제에 속하고 집합이나 집단 안의 대상 연구와 관련이 있다(concerned with the study of objects in sets or collections). 이제 사실상 어떠한 대상이 하나 이상의 이용 가능한 집합으로 분류되거나 구분된다면 수학과 관련된 대상 집단의 연구는 집합론과 관계된다.

역사 및 향후 사용

리하르트 데데킨트(1831~1916)

집합론의 체계는 리하르트 데데킨트와 게오르크 칸토어가 연구를 시작한 1870년대로 거슬러 올라간다. 20세기 초반, 다양한 정리 체계의 발전이 이를 뒤따랐다.

집합론은 수학의 중요한 분야이며 많은 분야에 다양하게 사용된다. 이러한 융통성이 집합론이 초등학교 기초 수학 단계에 소개되는 이유다. 집합론의 기본 형식은 벤 다이어그램(아래 그림 참조)의 도움으로(with the help of Venn Diagrams) 배운다. 벤 다이어그램은 집합의 한정된 집단 간의 가능한 모든 논리적 관계를 보여주는 도표이다. 벤 다이어그램은 보통 중복된 원으로 구성된다. 원의 외부(the exterior)가 집합의 구성 요소가 아닌 것을 나타내는 데 반해(while) 원의 내부는 집합의 요소를 상징적으로 나타낸다. 존 벤이 1880년경 벤 다이어그램을 고안했다.

거의 모든 수학 분야가 집합론의 원리를 사용하기 때문에 집합론은 고등 수학을 공부하기 위해(in order to study advanced mathematics) 알아야 할 기

게오르크 칸토어(1845~1918)

Set theory belongs to the subject of mathematics and is concerned with the study of objects in sets or collections. Now, while it is true that virtually any kind of object can be grouped or classified into a set if more than one of its kind is available, set theory is concerned with the study of groups of objects that are related to mathematics.

History and future uses

The system of set theory dates back to the 1870's where Richard Dedekind and Georg Cantor initiated the study. This was followed by the development of various axioms systems in the early part of the 20th century.

Set theory is an important branch of mathematics and has various uses in a number of fields. This versatility is the reason behind it being introduced into basic level mathematics in elementary schools. Set theory in the basic form is studied with the help of Venn Diagrams(see image below). Venn diagrams are diagrams that show all possible logical relations between a finite collection of sets. Venn diagrams normally comprise overlapping circles. The interior of the circle symbolically represents the elements of the set, while the exterior represents elements that are not members of the set. John Venn conceived Venn diagrams around 1880.

Almost every branch of mathematics uses the principles of set theory and therefore it becomes one of the basic subjects that you

본 주제 중 하나이다. 수학이 집합론이 사용되는 유일한 분야는 아니다. 집합론은 디지털 세계와도 간접적으로 관련이 있다. 예를 들어 모든 사람은 (컴퓨터나 계산기와 같은) 디지털 장비의 발명이 불 대수 개념을 사용한다는 사실을 알고 있다. 대수학의 이 분야를 완전히 이해하기 위해서는 집합론의 사용이 요구된다. 인터넷이 가지는 상호성과 온라인 수업의 일정 관리의 유연성으로 온라인 집합론 과외가 증가하는 추세(growing trend)이다.

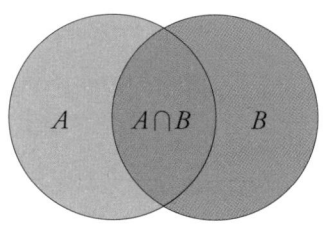

두 집합의 교집합을 보여주는 벤 다이어그램

주요 개념

- $A \cup B$로 표시되는 집합 A와 집합 B의 합집합은 집합 A나 집합 B, 또는 두 집합의 요소가 되는 모든 대상의 집합이다. {1, 2, 3}과 {2, 3, 4}의 합집합은 집합 {1, 2, 3, 4}이다.
- $A \cap B$로 표시되는 집합 A와 집합 B의 교집합은 집합 A와 집합 B 둘 다에 속하는 요소인 모든 대상의 집합이다. {1, 2, 3}과 {2, 3, 4}의 교집합은 집합 {2, 3}이다.
- U-A로 표시되는 집합 U와 집합 A의 차집합은 집합 A의 요소가 아닌 집합 U의 모든 요소의 집합이다. {2, 3, 4}와 {1, 2, 3}의 차집합은 {4}인 반면, 역으로 {1, 2, 3}와 {2, 3, 4}의 차집합은 {1}이다. 집합 A가 집합 U의 부분집합이면 U-A는 집합 U에 관한 집합 A의 여집합이다. 이 경우 문맥에서 집합 U의 선택이 명확하다면, 벤 다이어그램의 연구에서와 같이 특히 집합 U가 전체 집합이면 기호 A^c이 때로 U-A를 대신하여 사용된다.

need to know in order to study advanced mathematics. Mathematics is not the only area in which set theory is used. Set theory is also indirectly involved in the digital world. For example, everyone is aware of the fact that the creation of digital equipment (e.g. computers and calculators) uses the concept of Boolean algebra. In order to fully understand this branch of algebra you would require the use of set theory. Online Set Theory Tutoring is a growing trend because of the interactivity that Internet brings in and the flexibility of scheduling your online tutoring session.

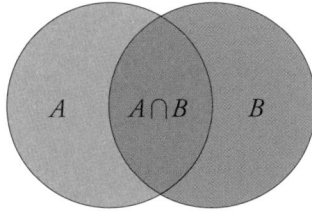

A Venn diagram illustrating the intersection of two sets

Key concepts

- Union of the sets A and B, denoted A∪B, is the set of all objects that are a member of A, or B, or both. The union of {1, 2, 3} and {2, 3, 4} is the set {1, 2, 3, 4}.
- Intersection of the sets A and B, denoted A∩B, is the set of all objects that are members of both A and B. The intersection of {1, 2, 3} and {2, 3, 4} is the set {2, 3}.
- Set difference of U and A, denoted U-A is the set of all members of U that are not members of A. The set difference {1, 2, 3}-{2, 3, 4} is {1}, while, conversely, the set difference {2, 3,

- 집합 A의 멱집합은 A의 모든 가능한 부분 집합이 요소인 집합이다. 예를 들어 {1, 2}의 멱집합은 {∅, {1}, {2}, {1, 2}}이다.
- 핵심적으로 중요한 기본적인 집합은 공집합(어떠한 원소도 포함하지 않는 독특한 집합), 자연수 집합과 실수 집합이다.

드모르간의 법칙

명제 논리와 불 대수에서 드모르간의 법칙은 모두 타당한 추론 규칙인 한 쌍의 변형 규칙이다. 규칙들은 전적으로 상호 부정을 통해(via negation) 논리곱과 논리합의 표현이 가능하다.

규칙은 다음과 같이 표현될 수 있다.

논리곱의 부정은 부정의 논리합이다.

논리합의 부정은 부정의 논리곱이다.

규칙들은 다음과 같이 두 명제 P와 Q를 이용한 형식 언어로 표현될 수 있다.

~(P∧Q) ⇔ (~P)∨(~Q)

~(P∨Q) ⇔ (~P)∧(~Q)

여기서

- ~은 부정이다.(~이 아니다)
- ∧은 연언連言이다.(~이고)
- ∨은 선언選言이다.(~ 또는)
- ⇔은 '~와 동치이다.'라는 의미의 초논리적인 기호이다.

배경

이 법칙은 고전 명제 논리에 공식 버전의 법칙을 소개한 오거스터스 드모르간의 이름을 따서 명명되었다. 드모르간의 공식화는 그 이후에 드모르간의 발견에 대한 주장을 확고히 해준 조지 불이 창시한 논리 대수의 영향을 받았

4}-{1, 2, 3} is {4}. When A is a subset of U, the set difference U-A is also called the complement of A in U. In this case, if the choice of U is clear from the context, the notation A^c is sometimes used instead of U-A, particularly if U is a universal set as in the study of Venn diagrams.

• Power set of a set A is the set whose members are all possible subsets of A. For example, the power set of {1, 2} is {∅, {1}, {2}, {1, 2}}.

• Some basic sets of central importance are the empty set (the unique set containing no elements), the set of natural numbers, and the set of real numbers.

De Morgan's law

In propositional logic and Boolean algebra, De Morgan's laws are a pair of transformation rules which are both valid rules of inference. The rules allow the expression of conjunctions and disjunctions purely in terms of each other via negation.

The rules can be expressed:

The negation of a conjunction is the disjunction of the negations. The negation of a disjunction is the conjunction of the negations.

The rules can be expressed in formal language with two propositions P and Q as:

$\sim(P \wedge Q) \Leftrightarrow (\sim P) \vee (\sim Q)$

$\sim(P \vee Q) \Leftrightarrow (\sim P) \wedge (\sim Q)$

where:

• ~ is the negation operator (NOT)

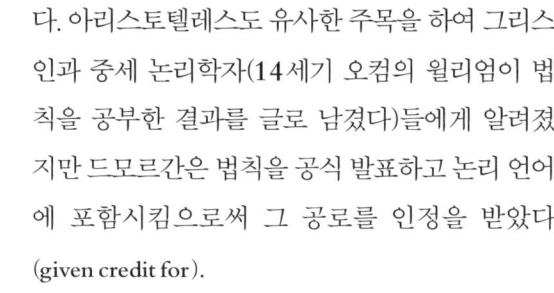

오거스터스 드모르간(1806~1871)

다. 아리스토텔레스도 유사한 주목을 하여 그리스인과 중세 논리학자(14세기 오컴의 윌리엄이 법칙을 공부한 결과를 글로 남겼다)들에게 알려졌지만 드모르간은 법칙을 공식 발표하고 논리 언어에 포함시킴으로써 그 공로를 인정을 받았다 (given credit for).

드모르간의 법칙은 쉽게 증명될 수 있고 심지어 평범해 보일 수도 있다. 그럼에도 불구하고 이 법칙은 증명과 연역적 논증에 타당한 추론을 제시하는 데 도움이 된다.

- $\wedge$ is the conjunction operator (AND)
- $\vee$ is the disjunction operator (OR)
- $\Leftrightarrow$ is a metalogical symbol meaning "can be replaced in a logical proof with"

Background

The law is named after Augustus De Morgan who introduced a formal version of the laws to classical propositional logic. De Morgan's formulation was influenced by the algebra of logic undertaken by George Boole, which later cemented De Morgan's claim to the find. Although a similar observation was made by Aristotle and was known to Greek and Medieval logicians (in the 14th century, William of Ockham wrote down the words that would result by reading the laws out), De Morgan is given credit for stating the laws formally and incorporating them in to the language of logic.

De Morgan's Laws can be proved easily, and may even seem trivial. Nonetheless, these laws are helpful in making valid inferences in proofs and deductive arguments.

problem solving

문제1 어느 나라의 축구선수 500명 중 대표팀에 소속된 선수는 50명이다. 대표팀은 월드컵 대표, 올림픽 대표, 청소년 대표의 세 종류로 각각 25명으로 구성되어 있다. 월드컵 대표이면서 올림픽 대표인 선수는 15명, 올림픽 대표이면서 청소년 대표인 선수는 7명, 청소년 대표이면서 월드컵 대표인 선수는 5명이다. 월드컵 대표에만 소속되어 있는 선수는 모두 몇 명인가?

문제2 집합 $S = \left\{ 1, \dfrac{1}{2}, \dfrac{1}{2^2}, \dfrac{1}{2^3} \right\}$의 공집합이 아닌 서로 다른 부분집합을 $A_1, A_2, A_2, \cdots, A_{16}$이라고 하자.
이때, 각각의 집합 $A_1, A_2, A_3, \cdots, A_{16}$에서 최소인 원소를 뽑아 이들을 모두 더하면?

➡ 문제풀이는 261쪽에

Example 1 In a country, 50 players of the 500 soccer players are members of the national team. The national team is composed of World Cup players, Olympic players and the nation's junior team players and each team is composed of 25 players. 15 players belong to the World Cup team and the Olympic Team, Seven players belong to the Olympic team and the nation's junior team, and five belong to the nation's junior team and the World Cup team. How many players belong only to the World Cup team?

Example 2 Let's say that the subset different from each other, which is not an empty set of set $S = \left\{ 1, \dfrac{1}{2}, \dfrac{1}{2^2}, \dfrac{1}{2^3} \right\}$ is $A_1, A_2, A_2, \cdots, A_{16}$.

Now, if we draw the minimum elements from each set $A_1, A_2, A_3, \cdots, A_{16}$ and add all of these?

Set Theory

rest in mathematics

Augustus de Morgan(오거스터스 드모르간)

Augustus de Morgan은 영국의 수학자이면서 logician(논리학자), bibliographer(서지학자)이다. University of Cambridge(케임브리지대학)를 졸업하고, 그의 나이 22세 때 University of London(런던대학)의 수학 교수에 취임해 명강의로 이름을 떨쳤다. 그러다 1866년 교수직을 resign(사임)하고 직접 수학협회를 창설해 first president(초대 회장)가 되었다.

수학자로서 그는 subject of study(연구 주제)를 엄밀한 기초 위에 둘 것을 emphasize(강조)하였고, 특히 set의 연산 법칙을 발견하였는데, 이 법칙은 그의 이름을 따서 De Morgan's law(드모르간의 법칙)라 한다. 또 근대적인 algebra(대수학)의 개척자로, logical aspect(논리학적 측면)에서 선각자 역할을 하였으며 theory of probability(확률론)에도 공헌하였다. 1838년에는 mathematical induction이라는 개념을 도입하여 empirical science(경험과학)와 수학적 증명에서의 inductive method(귀납법)의 차이점을 강조하였다.

주요 저서로 《산술원론(算術原論)》,《대수원론(代數原論)》,《대수학의 기초에 관하여》 등이 있다.

집합의 연산과 De Morgan's law

De Morgan은 수학의 여러 분야에 걸쳐 매우 많은 업적을 남겼다. 그는 set이나 proposition을 추상적인 기호로 표현했고 set의 연산 법칙인 De Morgan's law를 만들어내기도 했다. 그뿐 아니라 set 기호의 기본이 되는 set의 element(원소)와 set 사이의 포함 관계, set의 calculation과 연산 기호를 다음과 같이 encode(부호화)했다.

∈: element가 set에 속한다.
∉: element가 set에 속하지 않는다.
⊂: set이 set을 포함한다.
⊄: set이 set을 포함하지 않는다.
∩: intersection(교집합)
∪: sum of sets(합집합)
A^c: set A의 complementary set(여집합)
$(A \cup B)^c = A^c \cap B^c$, $(A \cap B)^c = A^c \cup B^c$: De Morgan's law

De Morgan은 x^2년에는 x살

De Morgan과 관련해 재미있는 일화가 하나 있다. 그는 말솜씨가 좋고 재치가 뛰어나 많은 사람들이 그를 따랐다. 그는 특히 quiz(퀴즈)와 puzzle(수수께끼)을 즐겨 했는데, 가끔 나이나 태어난 해가 언제냐고 묻는 질문에 "나는 x^2년에는 x살이었다."라고 대답하여 사람들을 당황하게 만들곤 했다고 한다.

그런데 과연 그는 몇 년도에 몇 살이었을까? 여기에는 quadratic equation(이차방정식)이 숨어 있다. 그가 태어난 해는 1806년이고, x^2년에는 x살이므로 $x^2 = 1806 + x$라는 식을 세울 수 있다. 이 식을 풀면,

$x^2 - x - 1806 = 0$
$(x+42)(x-43) = 0$
$x = 43$

즉 그가 43세가 되는 해가 $43^2 = 1849$이므로 "x^2년에는 x살"이라는 그의 말은 참이었던 것이다.

문제풀이

1 Number Theory 정수론

Example 1 문제풀이 대우 명제로 증명해 보이는 것이 쉽다. 즉 $ax^2+bx+c=0\,(a\neq 0)$이 정수의 근을 가지면 a, b, c 중 적어도 하나는 짝수임을 증명해 보이면 될 것이다.

① $x=2n\,(n$은 정수$)$일 때 준식에 대입하면
$a(2n)^2+b(2n)+c=0 \rightarrow 4an^2+2bn+c=0 \rightarrow 2(2an^2+bn)=-c$ 좌변이 2의 배수이므로 우변의 c는 짝수가 된다.

② $x=2n+1\,(n$은 정수$)$일 때 준식에 대입해보면 $a(2n+1)^2+b(2n+1)+c=0$
$\rightarrow a(4n^2+4n+1)+b(2n+1)+c=0 \rightarrow 4an^2+4an+2bn+(a+b+c)=0$
$\rightarrow 2(2an^2+2an+bn)=-(a+b+c)$

∴ 세수의 합이 2의 배수이려면 우변의 a, b, c 중 적어도 하나는 짝수이어야 한다.

Example 2 문제풀이 $n^2=aabb$이면 $n^2=a\times 1000+a\times 100+b\times 10+b=1100a+11b$로 표현 가능하다.
$1100a+11b=11(100a+b)$에서 완전제곱수가 되어야 하므로 $100a+b$를 구체적으로 분석하면 되는데, $100a+b$ 앞에 11이 곱하여져 있으므로 11^2의 배수가 되도록 유도하면 된다.
∴ $(100a+b)=(99a+a+b)=(11\times 9a+a+b)$ ∴ $a+b=11$
전체적으로 보면 다음과 같다.
$n^2=11(100+b)=11(99a+a+b)=11(11(9a+1))=11^2(9a+1)$(단, $a=1, 2, 3, 4, 5, 6, 7, 8, 9$)
여기서 전체 식을 완전제곱수가 되게 만드는 a는 7밖에 없으므로 ∴ $a=7, b=4$가 된다.
결국 $7744=88^2$이다.

Example 3 문제풀이 $3^4=81\equiv -3\,(\text{mod }42)$ ∵ (2)의 정리에 의해
$3^{20}=(3^4)^5\equiv (-3)^5=-3\times 81\,(\text{mod }42)$ ∵ (4)의 정리에 의해
그런데 $81\equiv -3\,(\text{mod }42)\Rightarrow -3\times 81\equiv (-3)(-3)=9\,(\text{mod }42)$ ∵ (3)의 정리에 의해
즉 $3^{20}=9\,(\text{mod }42)$. 따라서 3^{20}을 42로 나눌 때의 나머지는 9가 된다.

2 Sentential Calculus　　　　　　　　　　　명제론

Example 1 문제풀이 만약 $log_{10}2$를 유리수라고 가정하면($p \wedge \sim q$라고 가정하면) $log_{10}2 = \frac{n}{m}$
을 만족하고 서로소인 자연수 m과 n이 존재한다.
그렇다면 로그의 정의에 의하여 $10^{\frac{n}{m}} = 2$가 되고 이 식의 양변을 m제곱하면
$(10^{\frac{n}{m}})^m = 2^m$이 성립한다.
정리하면 $10^n = 2^m$이다.
이때, $10^n = (2 \times 5)^n = 2^n \times 5^n = 2^m$, $5(2^n \times 5^{n-1}) = 2^m$에서 좌변 10^n은 $5(2^n \times 5^{n-1})$이므로 5의 배수이다. 그러나 우변 2^m은 5의 배수가 아니다.
따라서 이 등식을 만족시키는 자연수 m, n은 존재하지 않으므로 가정에 모순이다.
따라서 처음의 가정이 잘못되었고, 즉 $log_{10}2$는 무리수이다.
이것은 $p \rightarrow \sim q$가 거짓임을 말한다. 즉 $\sim(p \rightarrow \sim q)$이다.

Example 2 문제풀이 각각이 범인인 경우 네 명의 진술의 참, 거짓은 다음과 같다.

범인	A진술	B진술	C진술	D진술
A	거짓	참	거짓	참
B	거짓	거짓	거짓	참
C	참	참	거짓	참
D	거짓	참	참	거짓

따라서 한 명의 진술만이 참인 경우의 범인은 B이고,
한 명의 진술만이 거짓인 경우의 범인은 C이다.

3 The Origin of Numbers　　　　　　　　　　　숫자의 기원

Example 1 문제풀이 문제에서 기술한 조작에 의거하여, 처음 두 수 (a, b)는 $(a-1, b-1)$[이때 c는 2만큼 증가] 또는 $(a+2, b-1)$[이때 c는 1만큼 감소] 또는 $(a-1, b+2)$[이때 c는 1만큼 감소]로 바뀐다. 이들 모든 경우에서, 수 $a-b$를 3으로 나눈 나머지는 변하지 않는다. 수 16과 18은 3으로 나누어 다른 나머지를 가진다. 그러므로 세 수의 쌍 (16, 18, 20)

으로부터 두 수가 0인 세 수의 쌍을 얻을 수 없다. 따라서 불가능하다.

Example 2 문제풀이 만약 $k<2$이면, $\sqrt{2+k}<\sqrt{2+2}=2$. 그러므로 $\sqrt{2+\sqrt{2+\sqrt{2+\cdots}}}<2$. 따라서 2가 더 큰 수이다.

Example 3 문제풀이 서로소인 임의의 자연수 m, n에 대하여, $mn(m+n)(m-n)$은 6으로 나누어 떨어진다. 만약 m, n이 홀수이면, $m+n$은 짝수이다. 만약 m, n이 3으로 나누어 떨어지지 않으면, 수 m, n을 3으로 나누면 나머지가 같거나(그러면 $m-n$은 3으로 나누어 떨어진다) 또는 이들 중 하나를 3으로 나누면 나머지가 1이고 다른 수는 나머지가 2가 된다(그러면 $m+n$은 3으로 나누어 떨어진다). 이해를 돕기 위하여 c가 100보다 작은 원시 피타고라스 쌍을 나열해보았다.

(3, 4, 5)	(11, 60, 61)	(16, 63, 65)	(33, 56, 65)
(5, 12, 13)	(13, 84, 85)	(20, 21, 29)	(39, 80, 89)
(7, 24, 25)	(8, 15, 17)	(28, 45, 53)	(48, 55, 73)
(9, 40, 41)	(12, 35, 37)	(36, 77, 85)	(65, 72, 97)

4 Real Number and Complex Number 실수와 복소수

Example 1 문제풀이 $\sqrt{n(n+2)}$가 ⎡유리수⎦ 라 가정하면 서로소인 두 자연수 a, b에 대하여 $\sqrt{n(n+2)}=\frac{a}{b}$로 나타낼 수 있고, 양변을 제곱하면 $n(n+2)=\frac{a^2}{b^2}\cdots$ I,
$n(n+2)$는 자연수이고 a와 b는 서로소이므로 $b^2=\boxed{1}\cdots$ II
II를 I에 대입하면 $(n+1)^2-a^2=\boxed{1}$, $(n+1+a)(n+1-a)=\boxed{1}$
따라서 $n+1+a, n+1-a$는 ⎡모두 -1이거나 모두 1⎦ 이다.
이때, n과 a가 자연수라는 가정에 모순이다.
그러므로 $\sqrt{n(n+2)}$는 무리수이다.

Example 2 문제풀이 정사각형의 한 변의 길이를 a라고 하면 재훈이는 $2a$의 배수만큼 달렸을 때, 점 A 또는 C를 통과한다. 또 용완이는 $\sqrt{2}a$의 배수만큼 달렸을 때, 점 A 또는

C를 통과한다. 즉 자연수 m, n에 대하여 $2a \times m = \sqrt{2}a \times n$이므로 양변을 $\sqrt{2}a$로 나누면
$\frac{2}{\sqrt{2}}m = n$

$\therefore \frac{n}{m} = \frac{2}{\sqrt{2}}$

이때 좌변은 유리수, 우변은 무리수이므로 모순이다.
그러므로 두 사람은 만날 수 없다.

5 Function 함수

Example 1 문제풀이 먼저 $x=0$에서 $f(0)=0$으로 정의되어 있다.

그리고 극한값을 조사해보면 $\lim_{x \to 0} f(x) = \lim_{x \to 0} x \sin(\frac{1}{x})$

그런데 $g(x)=-x$와 $h(x)=x$라는 함수가 있다고 하자.

그러면 $\lim_{x \to 0} g(x)=0$ $\lim_{x \to 0} h(x)=0$ 이다.

그러면 $-1 \leq \sin\frac{1}{x} \leq 1 \Rightarrow -x \leq x\sin\frac{1}{x} \leq x \Rightarrow g(x) \leq f(x) \leq h(x)$가 된다.

그러면 극한의 대수적 관계에 의해 $\lim_{x \to 0} f(x) = 0$이다.

극한값과 $x=0$에서의 f 값을 비교해보면 $\lim_{x \to 0} f(x) = f(0)$ 이므로
$x=0$에서 f 는 연속이 된다.

Example 2 문제풀이 방정식 $x=\cos x$가 구간 구간 $[0, \frac{\pi}{2}]$에서 해를 갖는다는 것은 함수 $f(x)=x-\cos x$ 가 $f(x)=0$을 만족하는 x가 구간 $[0, \frac{\pi}{2}]$에 존재한다는 것이므로 이를 보이면 된다.

여기서 함수 $f(x)=x-\cos x$는 구간 $[0, \frac{\pi}{2}]$에서 연속이고 $f(0)=-1$, $f(\frac{\pi}{2})=\frac{\pi}{2}$이다. 이때 0은 -1과 $\frac{\pi}{2}$ 사이에 있으므로 중간값 정리에 의해 $f(c)=0$을 만족하는 c가 개구간 $[0, \frac{\pi}{2}]$에 존재한다. 따라서 방정식 $x=\cos x$는 구간 $[0, \frac{\pi}{2}]$에서 해를 갖는다.

※ 주의: 중간값 정리에서 연속성이 보장되어야만 사용 가능하다. 연속성이 보장되지 않으면 $[x]$라는 가우스 기호에 대한 문제에 대해서 반례가 생기기 때문이다.

6 Matrix — 행렬

Example 1 문제풀이 연립방정식의 대표적인 풀이인 가감법을 이용하면
문제의 식에 2를 곱한 후 두 식을 변변 빼면 $\begin{cases} 4x+2y=8 \\ x+2y=5 \end{cases}$ 에서 $3x=3$.
따라서 $x=1$의 근을 얻을 수 있다. 이어서 x에 1을 대입하면 $y=2$를 구할 수 있다.
이제 가우스 소거법으로 문제를 해결해보자.
우선 연립방정식을 행렬식으로 표현하면

$\begin{pmatrix} 2 & 1 \\ 1 & 2 \end{pmatrix}\begin{pmatrix} x \\ y \end{pmatrix} = \begin{pmatrix} 4 \\ 5 \end{pmatrix}$ 로 나타낼 수 있고 이제 좌변의 행렬의 역행렬을 구하면

$\begin{pmatrix} x \\ y \end{pmatrix} = \begin{pmatrix} 2 & 1 \\ 1 & 2 \end{pmatrix}^{-1} \begin{pmatrix} 4 \\ 5 \end{pmatrix}$ 를 전개하여 x, y를 구할 수 있다는 것을 확인할 수 있다.

그럼 $\begin{pmatrix} 2 & 1 \\ 1 & 2 \end{pmatrix}$ 의 역행렬을 가우스 소거법으로 구하면

$\left(\begin{array}{cc|cc} 2 & 1 & 1 & 0 \\ 1 & 2 & 0 & 1 \end{array}\right)$ 에서 아래 행에 2를 곱한 후 위 행을 빼면 $\left(\begin{array}{cc|cc} 2 & 1 & 1 & 0 \\ 0 & 3 & -1 & 2 \end{array}\right)$ 이 된다.

처음 과정을 잘 보면 연립방정식의 가감법 풀이와 유사함을 알 수 있다.

다시 위 행에 3을 곱한 후 아래 행을 빼면 $\left(\begin{array}{cc|cc} 6 & 0 & 4 & -2 \\ 0 & 3 & -1 & 2 \end{array}\right)$ 가 되고

위 행을 6으로 나누고 아래 행을 3으로 나누면 $\left(\begin{array}{cc|cc} 1 & 0 & 2/3 & -1/3 \\ 0 & 1 & -1/3 & 2/3 \end{array}\right)$

여기서 중요한 부분은 좌변의 행렬을 단위행렬로 만들어주는 데 있다.

결론을 내리면 $\begin{pmatrix} 2 & 1 \\ 1 & 2 \end{pmatrix}^{-1} = \begin{pmatrix} 2/3 & -1/3 \\ -1/3 & 2/3 \end{pmatrix}$ 이 되어서

$\begin{pmatrix} x \\ y \end{pmatrix} = \begin{pmatrix} 2/3 & -1/3 \\ -1/3 & 2/3 \end{pmatrix} \begin{pmatrix} 4 \\ 5 \end{pmatrix}$ 가 되고 $\begin{pmatrix} x \\ y \end{pmatrix} = \begin{pmatrix} 1 \\ 2 \end{pmatrix}$ 가 됨을 확인할 수 있다.

정리를 하자면 위의 예제는 2차 정사각행렬에서의 행렬을 통한 연립방정식의
풀이이다. 2원 1차 연립방정식 정도는 가감법을 이용한 풀이가 용이하지만
원소의 개수가 많아질수록 가감법을 이용한 풀이가 단순하지 않다.
하지만 행렬을 이용할 경우 주어진 행렬식의 역행렬만 구할 수 있다면 행렬을 통한
연립방정식의 풀이는 상당히 획기적임을 확인할 수 있다.

Example 2 문제풀이 Q물통에 있는 물의 $\frac{2}{3}$를 P로 옮기면

$P = x + \frac{2}{3}y$, $Q = \frac{1}{3}y$

그리고 나서 P물통에 있는 물의 절반을 Q로 옮기면

$P = \frac{1}{2}x + \frac{2}{3}y$, $Q = \frac{1}{2}x + \frac{1}{3}y$

따라서 $\begin{pmatrix} P \\ Q \end{pmatrix} = \begin{pmatrix} \frac{1}{2} & \frac{1}{3} \\ \frac{1}{2} & \frac{2}{3} \end{pmatrix} \begin{pmatrix} x \\ y \end{pmatrix}$ 가 성립한다.

다음으로 $\begin{pmatrix} \frac{1}{2} & \frac{1}{3} \\ \frac{1}{2} & \frac{2}{3} \end{pmatrix} \begin{pmatrix} x \\ y \end{pmatrix} = k \begin{pmatrix} x \\ y \end{pmatrix}$ 를 만족하는 근을 구하는 과정에서 연립방정식을 만들면

$\begin{cases} \frac{1}{2}x + \frac{1}{3}y = kx \\ \frac{1}{2}x + \frac{2}{3}y = ky \end{cases}$ 에서 우변에 kx, ky를 좌변으로 옮긴 후 다시 행렬로 표현하면

$\begin{pmatrix} \frac{1}{2}-k & \frac{1}{3} \\ \frac{1}{2} & \frac{2}{3}-k \end{pmatrix} \begin{pmatrix} x \\ y \end{pmatrix} = \begin{pmatrix} 0 \\ 0 \end{pmatrix}$ 이 된다. 여기서 두 직선의 위치 관계를 응용하면 해를 갖는 경우는

한 점 또는 일치를 생각할 수 있는데 한 점에서 만나게 되면 $x=y=0$으로

유일한 해를 가지지만, x와 y는 초기 값으로 둘다 0이 아니다.

따라서 두 직선은 일치한다는 결론이 나오게 되므로 기울기가 같아야 한다.

간단히 표현하자면 $\begin{pmatrix} a & b \\ c & d \end{pmatrix} \begin{pmatrix} x \\ y \end{pmatrix} = \begin{pmatrix} 0 \\ 0 \end{pmatrix}$ 에서 $\frac{a}{c} = \frac{b}{d}$ 이므로 $ad-bc=0$이 되어야 한다.

결론적으로 $\left(\frac{1}{2}-k\right)\left(\frac{2}{3}-k\right) - \frac{1}{6} = 0$ 을 만족하기 때문에 $k^2 - \frac{7}{6}k + \frac{1}{6} = 0$

∴ $k = 1$ 또는 $\frac{1}{6}$

7 Euler's Formula   오일러의 공식

Example 1 문제풀이 점을 5개 찍는다. 각 점에 1에서 5까지 번호를 매기고 모든 두 점을 선으로 잇는다. 그런 다음 두 점을 잇는 변을 하나의 이어진 숫자카드라고 생각한다. 즉 1과 5를 잇는 선은 □□, □□이라는 숫자카드를 의미하는 것이다. 이렇게 하면 숫자카드를 인접하게 일렬로 세워놓을 수 있다는 것과 이 그래프가 한붓그리기가 가능하다는 것이 같은 의미라는 것을 알 수 있다.

이 그래프는 각 점의 차수가 모두 4인 짝수이므로 이 그래프는 한붓그리기가 가능하고 숫자카드는 일렬로 세워놓을 수 있다.

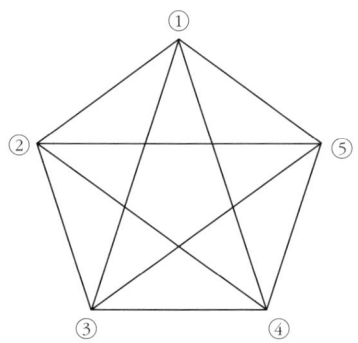

Example 2 문제풀이 다면체 A, B, C의 점, 선, 면의 개수를 각각 (v_a, e_a, f_a), (v_b, e_b, f_b), (v_c, e_c, f_c)라고 하자.

두 다면체의 n각형 면이 맞붙으면서 그 면의 두 점이 하나로, 두 변이 하나로 합쳐지므로, 점과 변의 수는 각각 n씩 줄어든다. 즉 $v_c = v_a + v_b - n$, $e_c = e_a + e_b - n$이다.

그리고 두 n각형 면이 맞붙으면서 그 두 면은 다면체의 내부로 바뀌었으므로, 면의 수는 2가 줄어든다. 즉 $f_c = f_a + f_b - 2$이다. 그러면,

$c = v_c - e_c + f_c$
$= (v_a + v_b - n) - (e_a + e_b - n) + (f_a + f_b - 2)$
$= (v_a - e_a + f_a) + (v_b - e_b + f_b) - 2$
$= a + b - 2$

따라서, 답은 $a+b-2$이다.

8 Logarithm and Table of Logarithms 로그와 로그표

Example 1 문제풀이 2000년도의 토끼의 수를 x, 사슴의 수를 y, 풀의 소비량을 G라 하면 2003년도의 토끼의 수는 $1.44x$, 사슴의 수는 $1.2y$, 풀의 소비량은 $1.3G$이다.
따라서 2000년의 관계식은 $G = kx^m \cdot y^{1-m}$,
2003년의 관계식은 $1.3G = k \cdot (1.44x)^m (1.2y)^{1-m}$이다.

2003년 식에서 2000년의 식을 나누면 $1.3=1.44x^m \times 1.2^{1-m}=1.2^{m+1}$

양변에 로그를 취하면 $\log 1.3 = \log 1.2^{m+1}$

$0.114 = 0.08(m+1)$

$\therefore m = 0.425$

Example 2 문제풀이 원산지 생산 가격을 a, 유통 과정을 한 번 거칠 때마다 가격의 인상 비율을 r 이라 하자.

유통 과정을 다섯 번 거친 소비자 가격은 원산지 생산 가격의 2.52배이므로

$a(1+r)^5 = 2.52a$, $(1+r)^5 = 2.52$

양변에 상용로그를 취하면

$5\log(1+r) = \log 2.52 = 0.4$

$\log(1+r) = 0.08 = \log 1.2$

$\therefore 1+r = 1.2$

따라서 유통 과정을 두 번만 거친 소비자 가격은 다섯 번 거친 소비자 가격의

$\dfrac{a(1+r)^2}{a(1+r)^5} \times 100 = \dfrac{1.44}{2.52} \times 100 = 0.57$

따라서, 답은 약 57%이다.

9 Sequences 수열

Example 1 문제풀이 주어진 조건에 맞는 세포 1개의 세포분열의 변화를 그림으로 나타내면 다음과 같다.

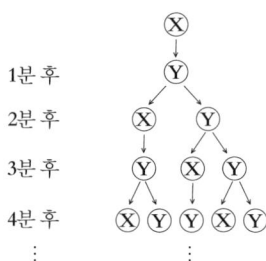

1분 후부터 X, Y의 총 개수를 수열로 나타내면
$1, 2, 3, 5, \cdots$.
이때 n분 후의 X, Y의 총 개수를 a_n이라 하면
$a_1 = 1$
$a_2 = 2$
$a_3 = a_1 + a_2 = 3$
$a_4 = a_2 + a_3 = 5$
$\vdots$
$a_n + 2 = a_n + a_{n+1}$
수열 a_n은 피보나치 수열이므로
$a_3 = 3, a_4 = 5, a_5 = 8, a_6 = 13, a_7 = 21, a_8 = 34, a_9 = 55, a_{10} = 89$
따라서, 10분이 지난 뒤 X세포 1개가 분열한 세포의 개수가 89개가 되므로 X세포 2개가 분열한 세포 수는 총 178개가 된다.

Example 2 문제풀이 수학적 귀납법으로 증명해보자.
$n = 1$일 때, 좌변$= f_1^2 = 1$, 우변$= f_1 f_2 = 1$이므로 주어진 식은 성립한다.
$n = k$일 때, 주어진 식이 성립한다고 가정하면,
$f_1^2 + f_2^2 + \cdots + f_t^2 = f_t f_{t+1}$이고, 양변에 f_{t+1}^2을 더하면,
$f_1^2 + f_2^2 + \cdots + f_t^2 + f_{t+1}^2 = f_t f_{t+1} + f_{t+1}^2$이고,
피보나치 수열의 정의를 이용하여 우변을 정리하면 다음과 같다.
우변$= f_t f_{t+1} + f_{t+1}^2$
　　$= f_{t+1}(f_t + f_{t+1})$
　　$= f_{t+1} f_{t+2}$
이므로 $n = k+1$일 때도 등식은 성립한다.
따라서, 주어진 등식은 모든 자연수 n에 대하여 성립하게 된다.

3 문제풀이 수리논술을 대비한다는 생각으로 곰곰이 생각하여 적어보자. 일상생활에서 어느 경우에 피보나치 수열이 나타나는지 경험한 것을 재구성해보자.

① 계단 오르기
영수는 한 걸음에 한 계단 또는 두 계단만 오를 수 있다고 하자. 영수가 n개의 계단을 오르는 방법의 가짓수를 A_n이라고 할 때 A_n을 구해보자. 처음 몇 개의 항을 살펴보면, 1개

의 계단을 오르는 방법의 수는 $A_1=1$이다. 2개의 계단을 오르는 방법은 1계단씩 두 번 오르는 경우와 2계단을 한 번에 오르는 두 가지 방법이 있으므로 $A_2=2$이다. n개의 계단을 오르는 방법의 수는 두 가지 경우로 나누어 생각하자. 영수는 한 걸음에 1계단 또는 2계단만을 오를 수 있으므로, 1계단을 먼저 오른 경우와 2계단을 먼저 오른 경우로 나눌 수 있다. 즉 영수가 1계단을 먼저 오른 경우는 $(n-1)$개의 계단을 더 올라야 하므로 이때 경우의 수는 A_{n-1}이고 2계단을 먼저 오른 경우는 $(n-2)$개의 계단을 더 올라야 하므로 이때 경우의 수는 A_{n-2}이다. 따라서 n개의 계단을 오르는 경우의 수 A_n은 피보나치 수열인 앞의 두 항을 더하게 되는 값을 갖게 된다.

② 좌석 정하기

알파벳 순서대로 자리한 n명의 학생들로 이루어진 부분집합 중에서 서로 바로 이웃한 학생들끼리는 같이 있을 수 없다고 할 때 만들 수 있는 부분집합의 개수 A_n을 구해보자. 처음 몇 개의 항을 살펴보자.

$n=1$일 경우 2가지 ({1}, ∅)
$n=2$일 경우 3가지 ({1}, {2}, ∅)
$n=3$일 경우 5가지 ({1}, {1,3}, {2}, {3}, ∅)

이를 일반적으로 나타내보면, n명의 학생들이 있을 경우 서로 이웃하지 않는 학생들로 만들 수 있는 부분집합의 경우의 수 A_n은 n번째 학생이 들어갈 경우와 들어가지 않을 경우의 두 가지 경우로 나눌 수 있다. 즉 n번째 학생이 들어갈 경우는 $(n+1)$번째 학생은 들어갈 수 없으므로 $(n-2)$명의 학생으로 만들 수 있는 경우의 수 A_{n-2}와 같고 n번째 학생이 들어가지 않을 경우는 $(n-1)$명의 학생들의 부분집합 중에서 서로 이웃하지 않는 학생들로 만들 수 있는 경우의 수 A_{n-1}와 같다. 따라서 n명일 때 서로 이웃하지 않는 학생들의 부분집합의 경우의 수 A_n은 피보나치 수열의 형태를 만족하게 된다.

10 Sequences and Series 수열과 급수

1 문제풀이 1,000만 원을 연이율 6%, 1년마다의 복리로 20년 동안 예금했다면 그 원리 합계는 $1000(1+0.06)^{20} = 1000 \times 3.21 \cdots$ ①

그해 말부터 매년 a만 원씩 갚는다고 하면 이자를 포함하여 갚는 금액의 총액은 매년 말에 a만 원씩 20년 동안 적립한 금액의 원리 합계와 같으므로

$a + a(1+0.06) + a(1+0.06)^2 + \cdots + a(1+0.06)^{19}$

$$= \frac{a(1.06^{20}-1)}{1.06-1} = \frac{a \times 2.21}{0.06} \cdots ②$$

①, ②의 금액이 일치해야 하므로

$$1000 \times 3.21 = \frac{a \times 2.21}{0.06}$$

$$\therefore a = \frac{1000 \times 3.21 \times 0.06}{2.21} ≒ 87$$

따라서, 한 번에 약 87만 원씩 갚으면 된다.

Example 2 문제풀이 주어진 방법을 이용하여 오른쪽 그림에서 a_4의 값을 구하면 $a_4=15$
$a_1, a_2, a_3, a_4, \cdots$의 값을 나열하면
$a_1=3, a_2=6, a_3=10, a_4=15, \cdots$
수열 $\{a_n\}$의 계차수열을 $\{b_n\}$이라 하면

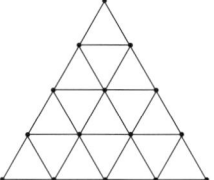

$\{a_n\} : 3, 6, 10, 15, \cdots$
$\{b_n\} : \ \ 3, \ 4, \ 5, \cdots$

계차수열 $\{b_n\}$은 첫째항이 3, 공차가 1인 등차수열이므로 일반항 b_n은
$b_n = 3 + (n-1) \cdot 1 = n+2$

따라서, 수열 $\{a_n\}$의 일반항 a_n을 구하면

$$a_n = a_1 + \sum_{k=1}^{n-1} b_k = 3 + \sum_{k=1}^{n-1}(k+2)$$

$$= 3 + \sum_{k=1}^{n-1} k + \sum_{k=1}^{n-1} 2$$

$$= 3 + \frac{n(n-1)}{2} + 2(n-1)$$

$$= \frac{n^2+3n-4}{2}$$

$\therefore a_{20} = 231$

3 문제풀이 n일째 여행한 거리를 a_n이라 하면 $a_{n+1}=\dfrac{1}{2}a_n+10$으로 정리할 수 있다.

이 식은 다시 $(a_{n+1}-20)=\dfrac{1}{2}(a_n-20)$으로 변형이 되고
(a_n-20)은 공비가 $\dfrac{1}{2}$인 등비수열임을 알 수 있다.

$(a_n-20)=(a_1-20)\cdot(\dfrac{1}{2})^{n-1}$

$\therefore a_n=(a_1-20)\cdot(\dfrac{1}{2})^{n-1}+20$

따라서, n일간 여행한 총 거리는

$$\sum_{k=1}^{n} a_k = \sum_{k=1}^{n}(20\cdot(\dfrac{1}{2})^{k-1}+20) = \dfrac{20(1-(\dfrac{1}{2})^n)}{1-\dfrac{1}{2}}+20n$$

$=40(1-(\dfrac{1}{2})^n)+20n$

$n=8$일 때, $40(1-(\dfrac{1}{2})^8)+160<200$

$n=9$일 때, $40(1-(\dfrac{1}{2})^9)+180>200$

따라서, 규현이가 200km를 여행하게 되는 것은 9일째이다.

11 Limit and Calculus — 극한과 미적분

Example 1 문제풀이 $\displaystyle\lim_{n\to\infty} a_{n+1} = \lim_{n\to\infty}\dfrac{4n(3n+2)}{(3n-1)(3n+1)} - \lim_{n\to\infty} 3a_n$

$= \displaystyle\lim_{n\to\infty}\dfrac{12n^2+8n}{9n^2-1} - 3\lim_{n\to\infty} a_n$

$= \displaystyle\lim_{n\to\infty}\dfrac{12+\dfrac{8}{n}}{9-\dfrac{1}{n^2}} - 3\lim_{n\to\infty} a_n$

$= \dfrac{4}{3} - 3\displaystyle\lim_{n\to\infty} a_n$

그런데 수열 a_n이 수렴하면 $\lim\limits_{n\to\infty} a_{n+1} = \lim\limits_{n\to\infty} a_n$이므로

$\lim\limits_{n\to\infty} a_{n+1} = \lim\limits_{n\to\infty} a_n = a$

$a = \dfrac{4}{3} - 3a$ 이므로 $4a = \dfrac{4}{3}$ $\therefore a = \dfrac{1}{3}$

Example 2 문제풀이 공의 처음 위치를 A, 지면을 O, 튀어오르는 공의 위치를 $A_1, A_2, A_3, \cdots$ 이라 하고 공이 정지할 때까지 움직인 거리를 S라 하면

$\begin{aligned}
S &= \overline{AO} + (\overline{AO_1} + \overline{AO_1}) + (\overline{AO_2} + \overline{AO_2}) + \cdots \\
&= \overline{AO} + 2(\overline{AO_1} + \overline{AO_2} + \overline{AO_3} + \cdots) \\
&= 20 + 2\left\{20 \times \dfrac{4}{5} + 20 \times \left(\dfrac{4}{5}\right)^2 + 20 \times \left(\dfrac{4}{5}\right)^3 + \cdots\right\} \\
&= 20 + 2 \times \dfrac{20 \times \dfrac{4}{5}}{1 - \dfrac{4}{5}} \\
&= 20 + 2 \times 80 \\
&= 180\text{m}
\end{aligned}$

Example 3 문제풀이 정삼각형은 세 선분의 길이가 같으므로 선분 AB에서 만들어지는 길이의 합을 구한 다음 3배 하면 된다.

S_1에서 $a_1 = 1 + \dfrac{1}{3} \times 2 = 1 + \dfrac{2}{3}$

S_2에서 $a_2 = 1 + \dfrac{2}{3} + \left(\dfrac{1}{3}\right)^2 \times 2^2 = 1 + \dfrac{2}{3} + \left(\dfrac{2}{3}\right)^2$

S_3에서 $a_3 = 1 + \dfrac{2}{3} + \left(\dfrac{2}{3}\right)^2 + \left(\dfrac{1}{3}\right)^3 \times 2^3 = 1 + \dfrac{2}{3} + \left(\dfrac{2}{3}\right)^2 + \left(\dfrac{2}{3}\right)^3$

따라서 선분 AB는 첫째항이 1 공비가 $\dfrac{2}{3}$인 무한등비수열이다.

$\therefore \lim\limits_{n\to\infty} a_n = 1 + \dfrac{2}{3} + \left(\dfrac{2}{3}\right)^2 + \cdots = \dfrac{1}{1 - \dfrac{2}{3}} = 3$

따라서, 삼각형 세 변에 그려지는 선분의 길이의 총합은 $3 \times 3 = 9$이다.

12 Set Theory — 집합론

Example 1 문제풀이 A: 월드컵 대표, B: 올림픽 대표, C: 청소년 대표라 하자.

$n(A \cup B \cup C)=50$, $n(A)=25$, $n(B)=25$, $n(C)=25$

$n(A \cap B)=15$, $n(B \cap C)=7$, $n(C \cap A)=5$

$n(B \cup C) = n(B) + n(C) - n(B \cap C)$

$\qquad\quad = 25+25-7 = 43$

월드컵 대표에만 소속되어 있는 선수 $= n(A \cup B \cup C) - n(B \cup C) == 50 - 43 = 7$

∴ 정답은 7명이다.

Example 2 문제풀이

1을 최소 원소로 하는 집합: $\{1\}$ ·· 1개

$\dfrac{1}{2}$을 최소 원소로 하는 집합: $\left\{\dfrac{1}{2}\right\}, \left\{\dfrac{1}{2}, 1\right\}$ ·· 2개

$\dfrac{1}{2^2}$을 최소 원소로 하는 집합: $\left\{\dfrac{1}{2^2}\right\}, \left\{\dfrac{1}{2^2}, 1\right\}, \left\{\dfrac{1}{2^2}, \dfrac{1}{2}\right\}, \left\{\dfrac{1}{2^2}, \dfrac{1}{2}, 1\right\}$ ········· 4개

$\dfrac{1}{2^3}$을 최소 원소로 하는 집합:

$\left\{\dfrac{1}{2^3}\right\}, \left\{\dfrac{1}{2^3}, 1\right\}, \left\{\dfrac{1}{2^3}, \dfrac{1}{2^2}\right\}, \left\{\dfrac{1}{2^3}, \dfrac{1}{2}\right\}, \left\{\dfrac{1}{2^3}, \dfrac{1}{2^2}, 1\right\}, \left\{\dfrac{1}{2^3}, \dfrac{1}{2^2}, \dfrac{1}{2}\right\}, \left\{\dfrac{1}{2^3}, \dfrac{1}{2}, 1\right\}, \left\{\dfrac{1}{2^3}, \dfrac{1}{2^2}, \dfrac{1}{2}, 1\right\}$ ······ 8개

최소인 원소들의 합은 $1 \times 1 + \dfrac{1}{2} \times 2 + \dfrac{1}{2^2} \times 4 + \dfrac{1}{2^3} \times 8 = 4$

∴ 정답은 4이다.

수학 용어 색인

A

a divides *b* *a*로 *b*를 나누다
a par ticular number-theoretic computation 특정한 정수론적 연산
a signed product of primes 소수들의 곱의 꼴
abacus 주판
absolute law 절대적인 법칙
absolute magnitude 절대등급
abstract concept 추상적 개념
academic world 학계
academicize 이론화하다
acidity 산성도
actual infinity 실무한
addition 덧셈
algebra 대수학
algebraic 대수의, 대수적
algebraic equation 대수 방정식
algebraic expression 대수식
algebraic structure 대수적 구조
algorism 아라비아 기수법
all non-trivial zeros 자명하지 않은 모든 해
all possible cases 모든 경우의 수
all types 모든 유형
amateur mathematician 아마추어 수학자
amplitude 진폭
analysis 해석학
analytic function 해석함수
analytic geometry 해석기하학
analytical geometry 해석기하학
analytics 해석학
analyze 분석하다
apparent magnitude 실시등급
applied problem 응용문제
approximate value 근삿값
aptitude 재능
arabian mathematics 아라비아 수학
arabic number 아라비아 숫자
area 넓이
argument 인수
arithmetic 산수, 산술
arithmetic mean 산술 평균
arithmetic series 등차급수
arithmetical calculation 산술 계산
arrangement of numbers 숫자 배열
assume 가정하다
assumption 가정
astronomy 천문학
at least one of them 적어도 그중 하나
at least, which either 적어도 어느 한쪽
authenticity 진위
averagely 평균적으로

B

barometer 척도
base 기반, 기수, 밑
basic framework 기본적인 틀
basic principle 기본 원리
basic transformation 기본 변형

bequeath 유증하다
big number 큰 숫자
binary notation 이진법
bisector 이등분선

C

calculate 계산하다
calculating table 계산표
calculation 계산, 연산
calculation methods 계산법
calculus 미적분, 미적분학
calculus of variations 변분법, 변분학
celestial mechanics 천체역학
chain letter 행운의 편지
chain text message 행운의 문자메시지
chemistry 화학
cipher 암호
circle 원
circular corn 원뿔
classify 분류하다
climbing a ladder 사다리 타기
codomain 공역
coefficient 계수
cognitive 인지적인
collective 집합적
column 열
commensurable 통약가능한
common logarithm 상용로그
common property 공통 성질
common root 공통근
communication theory 통신이론
compare 비교하다
comparison 비교
complement 보완하다
complementary set 여집합

complex 복잡한
complex counting 복잡한 셈
complex form 복잡한 형태
complex number 복소수
complex number plane 복소평면
complex variable 복소변수
concentration 농도
concept 개념
conclude 단정하다
conclusion 결론
condition 조건
conditional sentence 조건문
conformal mapping 등각사상
congruent expression 합동식
conjecture 추측, 추측하다
conjunction 논리곱
constant 상수
constant term 상수항
continuous curve 연속곡선
continuous function 연속함수
continuously 연속적으로
contradiction 모순
contraposition 대우명제
contribute 공헌하다
contribution 공헌
converge 수렴되다
convergence 수렴, 수렴성
convert 전환시키다
coordinates 좌표
coordinates geometry 좌표기하학
correspond 대응하다
correspondence 대응
count 세다
cryptography 암호론
cryptology 암호학
cubic function 삼차함수
curvature 곡률

curve 곡선
curved figure 곡면체
cycle 주기

D

decibel 데시벨
decimal point 소수점
decimal system 10진법
decrease 감소하다
deduce 추론하다
deduction 도출
define 정의하다
definition 정의
density 밀도
dependency 종속성
determinant 행렬식
determine 규명하다
diagonal line 대각선
diagram 도해, 도형
dichotomous 이분법의
differ by 1 1씩 차이 나다
differential geometry 미분기하학
digit 자리
dimension 크기
diophantine equation 디오판토스 방정식
dioptrics 굴절광학
direct proof 직접 증명
directly or indirectly 직간접적으로
discovery 발견
distance 거리
divergence 발산
divide 나누다, 나뉘다
division 나눗셈
division algorithm 호제법

divisor 약수
domain 정의역
domino 도미노
double helix 이중나선
double negation 이중부정
double sign 복호
double subscript 이중첨자
duplicity 이중성
dynamic 동적인
dynamic symmetry 역학적 대칭
dynamics 역학

E

earliest stage 처음 단계
earnings 소득
economic indicator 경제 지수
edge 변
electromagnetic 전자기학
element 원소
eliminate 소거하다
elimination 소거법
ellipse 타원
emphasize 강조하다
empirical science 경험과학
empty set 공집합
encode 부호화하다
end point 끝점
energy 에너지
engineering 공학
entity 실체
equal to one-half 1/2과 동일한
equation 방정식
established theory 정설
estimate 추정
Euclidean geometry 유클리드 기하학

Euler path 한붓그리기
even number 짝수
every other member 한 수씩 걸러서
example 예
exceed 초과
existence 존재
expansion 전개
exponent 지수
exponentiation 지수화
express 표현하다
expression 식
exterior 외부
extreme value 극값

F

face 면
fact 사실
factorization in prime factors 소인수분해
falsehood 거짓
Fermat number 페르마형 소수
Fermat's principle 페르마의 원리
Fibonacci sequence 피보나치 수열
fictitious 허구의
figure 도형
figure out 계산하다
find 구하다
finite 유한한
finite set 유한집합
first number 최초의 수
fixed 고정된
flatland 2차원 공간
flow rate 유율
flux 유량
form 형태

formal 형식적
formalization 형식화
formula 공식, 식
foundation 기초
four digits 네 자릿수
framework 틀
Fremat's problem 페르마의 정리
function 함수
function table 함수표
fundamental concept 기본 개념

G

general validity 보편적 타당성
generalization 일반화
generalize 보편화하다
geodesy 측지학
geometric 기하적, 기하학적
geometric sequence 등비수열
geometric sequence or series 등비수열 또는 급수
geometric series 등비급수
geometrical methods 기하학적 방법
geometry 기하학
give a negative result 음수 결과가 나오다
given condition 주어진 조건
given interval 주어진 구간
given situation 주어진 상황
given value 주어진 값
golden ratio 황금 비율
golden rectangle 황금 직사각형
golden section 황금 분할
graph 그래프
graph theory 그래프 이론
greatest common divisor 최대공약수
groundless proof 근거 없는 증명

group theory 군론
guadratic function 이차함수
guarantee 보증하다

H

height 높이
heptadecagon 정십칠각형
high-dimensional geometry 고차원 기하학
Hill Cipher 힐암호
Hindu-Arabic decimal system 힌두-아라비아 십진법
Hindu-Arabic notation system 힌두-아라비아의 기호 체계
Hindu-Arabic numerals 힌두-아라비아 숫자
horizon 수평선
horizontal axis 가로축
horizontal line 가로선
horizontal ratio 가로 비율
how to solve problems 문제풀이
hyperbola 쌍곡선

I

idea 개념, 생각
image 상
image point 상점
imaginary number 허수, 가상의 수
imaginary part 허수부
importance 중요성
inadequate 불충분한
include 포함하다
incommensurable 통약불가능한

increase 증가하다
independent variable 독립 변수
indirect proof 간접 증명
inductive method 귀납법
inequality 부등식
inference rule 추론규칙
infinite 무한한, 무한
infinite alternating series 무한교대급수
infinite geometric sequence 무한등비수열
infinite geometric series 무한등비급수
infinite sequence 무한수열
infinite series 무한급수
infinitely 무한히
infinitesimal 무한소
infinity 무한대
information 정보
information science 정보과학
input 대입값
inscribe 내접시키다
instinctively 직관적으로
insufficiency 부족
integer 정수
integer value 정수 해
integral 적분
integral theory 적분 이론
interest rate 이율
interpretation 해석
intersection 교집합
introduce 도입하다
intuition 직관
inverse matrix 역행렬
inverse number 역수
inverse proportion 반비례
irrational number 무리수
isosceles triangle 이등변삼각형

L

largest prime number 거대 소수
least square 최소제곱법
length 길이, 세로
light year 광년
limit 극한
limit value 극한값
line 직선
linear 선형
linear algebra 선형대수학
linear equation 일차방정식
linear function 일차함수
linearly dependent 일차 종속
log formula 로그 공식
log value 로그값
logarithm 로그
logarithmic function 로그함수
logic 논리학
logic symbol 논리 기호
logical condition 논리적 조건
logical operator 논리연산자
logical product 논리곱
logical sum 논리합
logical way 논리적인 방법
logicality 논리성
loss 손실
lower triangular matrix 하삼각 행렬
luminosity 광도

M

Maclaurin's series 매클로린의 급수
magnitude 등급
many 많다
math 수학

math book 수학책
math paper 수학논문
math tutor 수학 개인 교습
mathematic necessity 수학의 필요성
mathematical achievement 수학적 성과
mathematical calculation 수학적 계산법
mathematical experience 수학적 경험
mathematical induction 수학적 귀납법
mathematical law 수학적 법칙
mathematical logic 수학적 논리
mathematical physics 수학 물리학
mathematical table 수표
mathematical technique 수학적 기법
mathematical theory 수학적 이론
mathematical work 수학 저작물
mathematically 수학적으로
mathematics area 수학 분야
matrix 행렬
matrix algebra 행렬대수학
maximum profit 최대 이윤
maximum value 최댓값
meaning 의미
measure 측정하다
measure of performance 성능 척도
measurement 측정, 측량
meeting 충족
memory 기억력
Mersenne number 메르센 수
meteorology 기상학
method of exhaustion 착출법
method of limits 극한 방법
minimum value 최솟값
minus sign 음의 기호
model of real number 실수의 모델
moderate length 적당한 길이
modern algebra 현대 대수학
modern analysis 현대 해석학

267

modern mathematics 현대 수학
modern number theory 현대 정수론
morse code 모스 부호
multiple 배수
multiplication 곱셈
multiply 곱하다

N

natural logarithm 자연로그
natural number 자연수
nature of mathematics 수학의 특성
negative integer 음의 정수
negative number 음수
new number 새로운 수
new number system 새로운 수 세계
non-Euclidean geometry 비유클리드 기하학
non-linear 비선형
normal distribution 정규 분포
not equal to 1 1이 아닌 것
notation system 수 표기법
number of elements 원소의 개수
number theory 정수론
numeral system 기수법
numerical expression 수식

O

odd degree 홀수 차수
odd number 홀수
one before it plus some number 이전 항에 어떤 수를 더한 것
one-to-one correspondence 일대일대응
optics 광학

original text of mathematics 수학의 원전
output 결과

P

paradox 역설
parenthesis 괄호
partial sum 부분합
perfect square 완전제곱
periodic function 주기함수
periodicity 주기성
phenomenal 경이적인
phenomenon 현상
physica 자연학
physical 물리학적
physical phenomenon 물리적 현상
physics 물리학
pi(π) 파이
place holder 플레이스 홀더
plane 평면
plate 원판
polygon 다각형
polynomial equation 다항식
positive integer 양의 정수
positive number 양수
potential infinity 잠재적 무한
power 거듭제곱
power series 멱급수
practical superiority 실용적 우월성
prime number 소수
prime number theorem 소수 정리
prime sequences 소수 수열
principle 원리
probability 확률
problem 문제
process 과정

process of deduction 추론 과정
product 산물
product of x and y power x와 y의 곱의 거듭제곱
proof 증명
property 성질
proportion 비례
proposition 명제
propositional expression 명제식
prove 증명하다
pure mathematics 순수 수학

Q

quadratic equation 이차방정식
quantitatively 양적으로
quantity 양
quantum mechanics 양자역학

R

radical root 거듭제곱근
random 임의의
random biquadratic numbers 임의의 네제곱수
random cubic numbers 임의의 세제곱수
range 치역
ratio 비
rational number 유리수
real number 실수
real part 실수부
reciprocity law 상호법칙
recognize 인식하다
rectangle 직사각형
rectangular figure 직선형

recursion 재귀호출
reductio ad absurdum 귀류법
reduction to absurdity 귀류법
regular octagon 정팔각형
relationship 관계
relative maximum 극대
relative minimum 극소
relatively prime 서로소
repeat 반복하다
represented on a plane 평면에 표현되다
research paper 연구 논문
result 결과
result in 해답을 내다
rhombus 마름모
richter scale 리히터 규모
right angle 직각
right-angled triangle 직각삼각형
root 근
row 행
rows and columns 열과 행

S

scientific principle 과학적 원리
segment 선분
sentence 문장
sequence 수열
series 급수
set 집합
set theory 집합론
side 변
sigma 시그마
sign 기호
significance 의의
similar sign 유사한 기호
simple closed curve 단일 폐곡선

269

simplify 단순화하다
simultaneous equation 연립방정식
simultaneous equation of the first
   degree 연립일차방정식
solution 해결책
solve 풀다
space 공간
specific 구체적
spherical trigonometry 구면 삼각법
square 정사각형
square number 제곱수
square of distance 거리의 제곱
square root 제곱근
standard deviation 표준편차
starting point 시작점
static 고정된
statistics 통계학
straight line 직선
subordinate 종속된
substitution 치환
substraction 뺄셈
sum 합
sum of sets 합집합
suppose 가정하다
surface theory 곡면론
surplus 과잉
symbol 기호
symbolic logic 기호논리학
symmetry 대칭
system of absolute units 절대단위계
system of calculation 계산법
systematic 규칙적
systematically 체계적으로

T

table of common logarithms 상용로그표
table of logarithms 로그표
tangent line 접선
Taylor series 테일러 급수
term 용어, 항
textbook on mathematics 수학 교과서
theorem 정리
theorem of the answer 해답의 정리
theorem of the sum 합의 정리
theorem proving 정리의 증명
theoretical 이론적인
theory of equations 방정식론
theory of functions 함수론
theory of functions of complex
   variables 복소함수론
theory of negative and positive 음양론
theory of probability 확률론
three dimensional space 3차원 공간
tool 도구
total 총, 합계
Tower of Hanoi 하노이의 탑
transcendental number 초월수
transform 변환시키다
transformation 변환
tree diagram 수형도
trigonometric function 삼각함수
truth 진리, 참
truth value 진리값
truth-table 진리표
type 유형

U

unfair number 부당한 수

unit 단위
unit length 단위 길이
unit matrix 단위 행렬
universal algebra 보편대수학
unknown quantity 미지수

W

way 방식, 방법
what kind of number 어떤 종류의 수
width 가로

V

validity 타당성
value 값, 해
values of variable 변수값
variable 변수
venn diagram 벤 다이어그램
vertex 꼭짓점
vertical axis 세로축
vertical line 세로선
vertical ratio 세로 비율
volume 부피

X

x-axis x축

Y

y-axis y축